5·18 상고이유서

대 법 원 | 사건 2 0 2 2 도 3 2 8 1

5·18 상고이유서
대 법 원 | 사 건 2 0 2 2 도 3 2 8 1

발 행 처 : 도서출판시스템
발 행 인 : 지만원
초판1쇄발행 : 2022년 3월 24일
출 판 등 록 : 제321-2008-00110호(2008/ 8. 20)

주　　　소 : 서울특별시동작구동작대로13길12
전　　　화 : (02)595-2563
팩　　　스 : (02)595-2594
홈 페 이 지 : www.systemclub.co.kr

잘못만들어진책은구입하신서점에서교환해드립니다

5·18 상고이유서

대 법 원 | 사건 2022도3281

2022. 03. 24.
피고인 지만원

도서출판
시스템

Contents

5·18 상고이유서
대 법 원 | 사 건 2 0 2 2 도 3 2 8 1

목 차

1	원심 판결에 대한 피고인의 정의와 바람	18
2	사건의 윤곽	20
3	대법원의 명확한 판단이 특별히 요청되는 원심 판결	26
4	상고이유의 요점 정리	29
5	광주신부들에 대하여	33
6	박남선 등 광수 관련 피해자에 대하여	42
7	장진성에 대하여	76
8	김사복에 대하여	88
9	폭력에 대하여	99
10	지용에 대하여	105
11	요약	108

부 록(판결문)   119

머 리 말

│ 상고이유서를 시판용 책으로 발행하는 이유

저는 2016년부터 피고인이 되어 서울중앙지방법원에서 5.18재판을 받아왔습니다. 소송을 건 사람들은 구두닦이, 중국집 음식배달원, 새시공, 중고교 중퇴자, 실업자 등 광주에서도 대우받지 못했던 저변 계층의 사람이거나 말귀조차 알아듣지 못하는 노파들이었습니다. 이들 스스로가 소송에 나선 것이 아니었습니다. [5.18역사왜곡대책위원회]가 지명해서 소송에 내보낸 사람들입니다. 2013년 5월 24일, 광주시장이 앞장서서 광주의 338개 단체와 변호인단을 결집시켜 5.18의 명예를 훼손하는

지만원 등에 법적으로 대응할 것이라는 기치를 내걸고 [5.18역사왜곡대책위원회]를 구성하였습니다. 그 첫 조치가 바로 저를 향한 5개 사건을 만들어 소나기식으로 소송한 것이었습니다. 저를 고소한 존재가 광주시 전체였던 것입니다. 법을 광주시 전체의 집단폭행 수단으로 선택한 것입니다.

1심 재판은 4년 간 진행됐습니다. 재판장이 4번 바뀌었습니다. 마지막 재판장이 광주일고 출신 김태호 판사였습니다. 논리적 판세가 피고인에게 워낙 유리했기에 피고인인 저는 승소를 장담하였습니다. 하지만 재판장은 20년 넘게 연구해온 피고인의 학문적 노력과 성과를 놓고, 이들 고소인들을 해코지하려는 나쁜 의도를 가지고 한 범행이었다는 판결을 내렸습니다. 그리고 징역 2년에 벌금 100만원을 선고했습니다.

피고인은 황당했습니다. 재판장 한 사람이 판결서를 밀실에서 자의적으로 쓴다 해도 그 쓴 대로 당해야만 하는 존재가 바로 피고인 신세라는 생각에 2심에서는 정리된 답변서를 시판용으로 내기로 하였습니다. 제가 어떤 이유로 사법부로부터 중벌을 받았는지에 대해서는 반드시 역사에 남기고 국민에 남겨야 하겠다는 생각을 했습니다. 2심에서는 더 이상 1심에서처럼 황당한 재판을 받지 말아야 한다는 절박감에 국민을 배심원으로 모셔야 한다는 생각을 한 것입니다. [5.18답변서 서울중앙지방법원 사건 2020노804]라는 제목으로 시판용 책을 발행했습니다.

하지만 예상 외로 2022년 2월 16일, 저는 2심에서도 1심 판결 논리와 비슷한 논리로, 징역 2년형을 선고받았습니다.

이런 판결을 받고 보니, 제가 2심 답변서를 시판용 책으로 발행하기를 참 잘했다는 생각이 들었습니다. 이 책을 남기지 않았다면 국민과 역사는 피고인의 연구결과를 신뢰하려 하지 않을 것입니다. 저는 지금 [5.18 상고이유서]를 또 시판용 책으로 발행합니다. 시판용 책을 낸다는 것은 논리와 증거에 자신감이 있다는 것을 나타내는 것이라고 생각합니다. 이 [5.18상고이유서]는 2심에 제출한 [5.18답변서]와 어우러져 피고인이 얼마나 억울하고 위험한 재판을 받았는지 국민과 역사에 알리는 기록물이 될 것입니다.

5.18에 대한 성격 규정에 따라 국가 정체성 결정

이 땅에는 해방 직후처럼 좌익과 우익이 대결해 있습니다. 여기에 더해 지역감정까지 대립해 있습니다. 이러한 대결은 일반 국민들에게만 존재하는 것이 아니라 공정한 재판을 해야만 하는 사법기관에도 공존합니다. 5.18을 놓고도 좌우익이 대결하고, 지역감정이 대결합니다. 5.18이 바로 대결의 대척점에 서 있는 것입니다. 이 나라에서 언론의 자유, 표현의 자유가 가장 억압받고 있는 분야가 5.18입니다. 5.18에 대한 표현의 자유만큼 탄압받는 이슈는 이 나라에서 찾아보기 어렵습니다. 그 이유가 무엇이겠습니까?

첫째, 현 정권은 5.18 성역화를 위해 법률적 행정적 권력을 진영전쟁에 악용해 왔습니다.

둘째, 현 정권은 이승만에 의한 건국을 부정하고 반공을 국가안보 제1의 가치로 내걸었던 이승만-박정희-전두환 정권을 불의의 정권으로 격하시킵니다. 이 나라에서 오로지 정의로운 것은 5.18을 발원지로 하는 민주화 정권이라고 선전-선동합니다. 5.18을 발원으로 하는 민주화 정권이 영속해야 한다고 선전해온 것입니다.

셋째, 광주를 중심으로 하는 전남지역 국민들은 5.18을 마패처럼 들어 보이면서 금전적 신분적 혜택을 누려왔습니다. 5.18이 이 지역의 이권증서였던 것입니다. 이런 관점은 비단 피고인만의 관점이 아닐 것입니다.

넷째, 정권과 전남지역이 카르텔을 형성하여 전근대적인 방법으로 대국민 탄압을 감행해오고 있습니다. 5.18에 대해 다른 소리를 내는 국민에게 ① 물리적 폭행을 가하고 ② 명예훼손 혐의로 소송을 걸고 ③ 직장인에 대해서는 5월 단체들이 의사결정자들에 압력을 넣어 해고시키고 ④ 유튜브 방송을 무단으로 차단(폭파)시키고 ⑤ 5년 이하의 징역형에 처한다는 '5.18왜곡처벌법'을 만들어 협박하고 있습니다.

위 다섯 가지 현상은 히틀러 시대나 스탈린 시대에나 가능했었던 만행에 속합니다. 민주주의 국가에서 대명천지에 어떻게 이런 폭행이 권력의 이름으로 자행될 수 있는 것입니까? 이것이 이른바 [5.18공포] 현상인 것입니다.

이런 막무가내식의 정치폭력이 지향하는 정점이 어디 있겠습니까? 대한민국을 건국하고 부흥시켜온 반공정권의 정당성을 땅속에 묻고, 대한민국 정부를 태어나서는 안 될 반민족적 존재로 매도함으로써, 공산주의자들이 지배하는 정권을 만들어 북에 흡수시키려는 것입니다. 이것이 바로 김일성 종교를 신봉하는 남한 공산주의자들의 지상목표인 것입니다.

| 5.18을 20년 넘게 연구하면 개인에게 무슨 이득 있는가?

피고인인 제가 5.18의 진실을 캐려는 것은 피고인 개인의 이득을 위해서가 아니라 저들의 이런 음모로부터 국가의 정체성과 안녕을 지키기 위한 것입니다. 네델란드는 27%의 국토가 바다보다 낮기 때문에 둑을 막아 세운 나라입니다. 추운 어느 날 '한스 브링커'라는 소년이 둑의 조그마한 구멍에서 물이 새 나오는 것을 발견했습니다. 큰일이라는 생각

에 두 주먹으로 구멍을 막고 사람들이 나타나기를 기다리다 얼어 죽었습니다. 어린 소년이 네델란드를 구한 것입니다. 아마 피고인 역시 이런 소년에 해당할 것입니다. 이 소년이 개인적 이익을 추구했었을까요?

피고인은 5.18에 대해 2002년부터 지금까지 20년 넘게 집요하게 연구해 왔습니다. 평균 400쪽 분량의 시판용 책을 12권 발행했습니다. 독서의 후진국이라는 이 나라에서 제가 돈을 벌려고, 하필이면 진을 빼야만 쓸 수 있는 5.18 책을 펴냈겠습니까? 저는 2001년 이전만 해도 저작, 기고, 방송, 기업경영진단, 경영강사 등 프리랜서로 연간 1억원 이상의 두뇌수입을 올린 5대 강사로 보도되었던 사람이었습니다. 그런데 5.18을 건드리고부터 저는 생지옥에서 살아야 했습니다. 2002년 10월 24일, 광주의 최성필 검사가 보낸 검찰-경찰 요원 4명(박찬수, 김용철, 이일남, 이규행)에 의해 뒷수갑을 차고 6시간 동안 광주로 연행돼 가면서 온갖 종류의 육체적 정신적 린치를 당했습니다. 광주검찰청에 도착해서도 최성필 검사로부터 욕설과 위협을 당해가면서 2시간 동안 더 뒷수갑을 찬 채 조사를 받았습니다. 상체가 모두 부어올랐고, 감각을 잃었습니다. 이 세상에 이런 원시적 폭력이 존재한다는 것은 상상 밖이었습니다.

그 어느 정상인이 인생 황금기라는 나이 60~80대를 소송당하고 폭행당하고 린치당하고 2억 4천만원의 손해배상금을 '5.18기념재단'에 빼앗기고, 남녀노소로부터 "또라이", "망언자"로 손가락질당하는 등의 수모를 받는 가시밭길을 걷고 싶어 하겠습니까. 피고인 자신이 받는 고통이 이러할진대 피고인 가족들의 고통은 또 어떠했겠습니까? 이런 시궁창 인생을 살려고, 체력에 버거운 육군사관학교의 고강도 훈련을 받았으며, 국가의 부름에 따라 베트남 전쟁에 참전했으며, 상관들의 귀국 지연 조치에 순응하면서 44개월 동안이나 목숨 바쳐 낯선 정글 속에서 공산주의와 싸웠으며, 책을 놓은 지 9년 만에 미 해군대학원 석사시험에 도전하여 경영학 석사를 땄으며, 이어서 그 학교 응용수학 박사과정에 도전하여 극기에 극기를 거듭하면서 수학공식 2개와 수학정리 6개를 창조함으로써 "한국인은 천재"라는 전설을 세웠겠는지 한 번쯤 살펴주시기 바랍니다.

문재인과 '5.18기념재단'과 사법부의 카르텔

5.18을 놓고 첨예한 전쟁이 시작된 것은 2013년 5월 24일 광주시장이 [5.18역사왜곡대책위원회]를 발족한 순간으로부터 출발합니다. 2012.12.27. 대법원은 피고인이 저작한 4부작의 5.18저서 [수사기록으로 본 12.12와 5.18]이 광주인들의 명예를 훼손하기 위해 쓴 책이 아니라 역사를 조명하기 위해 저작한 책이라는 1,2심 판결을 확정했습니다. 예상과는 달리 무죄판결에 놀란 채널A와 TV조선이 2013년 1월, 피고인을 초청해 어찌된 영문이냐고 물었습니다. 이때 피고인은 피고인의 저

서와 검찰보고서 등을 가지고 나가 1980년 5월 21일 상황을 짧게 말해주었습니다. 상황의 일부를 전해들은 TV진행자들은 "이건 광주시민들의 능력 범위 밖"이라며 북한군 개입이 확실하다는 요지로 2013년 1월부터 5월까지 방송을 이어갔습니다. 이 방송은 4개월 동안 전국에 많이 전파되었습니다. "5.18은 북한군이 주도했다."

이에 [5.18역사왜곡대책위원회]가 결성되었고, 이 위원회 전략에 따라 당시 '5.18기념재단' 상임이사로 있던 김양래가 5개의 소송사건을 기획하고 진행했습니다. 이 재판과 병행하여 문재인이 5.18성역 지키기에 나섰습니다. 2017년 5월, 취임하자마자 "5.18정신을 헌법 전문에 넣겠다"고 선전포고를 한 것입니다. 공정해야 할 대통령이 5.18성역화에 앞장선 것입니다. 이에 따라 전라도의 이익을 수호하는 더불어민주당이 나서서 2018년 3월 '5.18진상규명법'을 제정하였습니다. 이 절체절명의 순간에 피고인과 피고인에 뜻을 함께 하는 분들의 역할에 의해 그 법률에 [북한군 개입 여부]도 조사하라는 조항을 기적적으로 반영했습니다. 문재인의 일사천리 드라이브에 일단 작은 제동이 걸린 것입니다.

이에 따라 국방부에 설치된 '5.18진상규명조사위원회'가 [북한군 개입]여부를 조사하지 않을 수 없게 되었습니다. 이 조사위원회 지휘부 인물들은 모두 광주인들이고, 5.18성역화를 위해 투쟁해온 사람들입니다. 말로만 '5.18진상규명조사위원회'이지 학문적 논리와는 거리가 먼 [광주인들의 위원회인 것입니다. 이 위원회가 지금까지 내놓은 중간보고 내용들은 모두 [북한군 개입은 없었다]는 것이었습니다. 하지만 여기에는 증거가 없었습니다.

| '5.18진상규명조사위원회'의 파행

2020년 5월 12일 5.18진상규명조사위원회가 출범하여, 이후 3년 동안 5.18의 진실을 조명합니다. 그런데 그들은 2년이 지나고 있는 지금까지도 5.18연구를 가장 많이 한 피고인을 부르지 않았습니다. 이 자체가 객관성을 상실한 궤적인 것입니다. 그 대신 이 조사위원회 지휘부는 이동욱이라는 [비상임위원]을 내세워 피고인을 인격적으로 매도하고 있습니다. 2021년 4월 이동욱은 [보랏빛 호수]의 책을 낸 저자와 그 책의 주인공 정명운(가명 김명국)을 밤늦게 모텔 등으로 불러내 때로는 4시간 동안 때로는 1시간에 걸쳐 공갈 협박하여 그 책의 내용이 허위임을 자백하게 만들었습니다. 그 책의 저자 이주성을 밤늦게 성남의 '인투모텔'로 불러내 협박하다가 그것이 녹음되는 바람에 꼬리가 잡혔습니다. 그는 지금 '이승만 학당'의 이름을 내걸고 방송을 일상화하면서 피고인에 대한 인신공격을 계속하고 있습니다. 이승만 학당이 그의 들러리 역할을 하고 있는 것입니다. 원래 비상임위원은 기업의 비상근이사처럼 안건이 있을 때만 출석하는 비공무원 신분입니다. 그런데 이동욱은 일선 조사관 노릇을 하면서 심지어는 대관령에서 작업을 하는 사람에까지 찾아가 회유공작을 했습니다.

5.18진상규명조사위원회 위원 9명은 모두 문재인이 직접 챙겨 결정하기로 했습니다. 이동욱은 2019년 1월에 문재인이 부결한 사람이었습니다. 자격요건을 갖추지 못했다는 이유에서였습니다. 그런데 어찌된 일인지 문재인은 그해 11월 이동욱을 직접 선정하였습니다. 이동욱의 파행은 이 비정상적인 지명과 관계가 있어 보입니다. 뒷거래의 실루엣이 어른거립니다.

이동욱은 '5.18진상규명조사위원회' 홈페이지에 학력을 기재했습니다. 서강대학교에서 '북한정치학 석사' 학위를 받은 것으로 기재돼 있는 것입니다. 피고인이 조사한 바로는 그의 학력은 고졸이었습니다. 그는 학사증을 내놓지 않고 있습니다. 서강대에 알아보니 '북한정치학 석사증'은 발행한 적이 없다 합니다. 이처럼 5.18진상규명조사위원회는 구성에서부터 행위에 이르기까지 매우 문란합니다. '5.18진상규명조사위원회'는 현재까지 조사 결과에 대한 명운을 이동욱 한 사람에게 걸고 있는 것으로 보입니다. 하지만 피고인이 제시한 42개 정황 증거를 모두 탄핵하지 못하면 북한군은 광주에 온 것이 되는 것이고, [북한군 개입설]은 학설이 되는 것입니다.

| **재판도 문재인 드라이브의 도구**

만일 이번 항소심 재판에서 제게 무죄가 선고되면 어떤 현상이 발생하겠습니까? 문재인의 위 노력이 한 순간에 물거품이 되는 것입니다. 아울러 광주의 이권 모두가 사라지게 됩니다. 이래서 1,2심 재판 공히 문재인과 5.18기득권 세력에 영합할 수밖에 없었을 것이라고 생각합니다. 상고이유서를 보시면 1,2심 판결이 거짓과 자의적 억지 그리고 절차상의 파행으로 얼룩져 있는 것을 확인하실 수 있을 것입니다. 이 책의 부록에는 2심 판결문이 첨부돼 있습니다. 이 판결문에는 사법부 일각에서 발생한 치욕스런 파행이 역력하게 드러나 있습니다. 이 문서는 담당 판사들의 이름과 함께 길이길이 남겨져야 할 역사자료가 될 것입니다.

2022. 3. 24.
저자, 피고인 지만원

상 고 이 유 서

사건 2022도3281

정보통신망이용촉진및정보보호등에관한법률위반(명예훼손)등

피고인 지만원

원심 서울중앙지방법원 2020노804

피고인은 다음과 같이 상고이유서를 제출합니다.

1 원심판결에 대한 피고인의 정의와 바람

이 사건 원심판결은 우리 사회에 첨예하게 대립돼 있는 이념갈등의 한쪽 당사자가 다른 쪽 진영의 한가운데 서 있는 이론가에 대해 법과 논리와 증거를 무시하고 거짓말까지 지어내 직권을 남용하여 사법 폭력을 가한 것이라고 정의합니다. 원심 판결서는 ① 판단유탈 ② 이유 불비 ③ 심리미진 ④ 채증 법칙 위배 ⑤ 사실오인 ⑥ 법리오해, 총 6개의 파기 사유로 가득 차 있습니다. 원단 없이 6개의 누너기로만 읽어맨 옷입니다. 거칠 것 없이 인민재판을 하였고, 학문을 희화화하여 유린하였습니다.

이 사건의 핵심 사안은 [북한군 개입] 표현이 허위냐의 여부를 가르는 것입니다. 피고인의 [북한군 개입] 표현은 20여 년 연구의 결과입니다. 피고인은 피고인이 이제까지 저술한 시판용 5.18역사책 12권을 포함해 20여 개의 별책을 제출했습니다. 그리고 나서 그동안 제출했던 대용량의 답변서들을 요약하여 "북한군이 광주에 와서 5.18을 주도했다"는 점을 사실로 믿을 수밖에 없는 정황 증거 42개를 엮어 [5.18답변서]에 일목요연하고 가독성 있게 제출하였습니다. 이에 추가하여 원심 법정에서 3시간에 걸쳐 USB를 가지고 누구나 이해할 수 있도록 설명하였습니다. 그런데도 원심은 이 42개 정황 증거를 반박하는 설시과정 없이, 오로지 "5.18은 민주화운동으로 정착됐다"는 이 사건 판단 영역과는 인과 관계가 설정돼 있지 않은, 전혀 다른 차원에 속하는 정치 역사를 잣대로 하여 그 누구도 무력화시킬 수 없는 42개 증거를 묵살하였습니다. [북한군 개입] 표현을 허위사실로 규정하려면 반드시 이 42개 정황 증거 모두가 허위사실이라는 점을 입증해야 할 것입니다. 하지만 1심 및 2심은 이 과정을 회피하였습니다. 이 42개 정황 증거는 성격상 허위사실이 될 수 없기 때문이었을 것입니다. 그런데 어떻게 [북한군 개입]을 허위사실로 판단할 수 있다는 것입니까?

피고인은 1심의 이런 재판에 공포를 느껴 1,2심에서 제출한 대용량의 답변서들을 가독성 있게 압축하여 378쪽 A4지 사이즈의 책 [5.18답변서]에 담아 원심에 제출하였습니다. 하지만 원심은 이 답변서 책에 가득 담겨 있는 증거와 논리는 일체 무시한 반면, 시간적 정황적 알리바이도 없고, 거짓과 모순으로 가득 찬 고소인들의 주장과 진술 모두가 "모순 없이 진실하다" 판결하였습니다. 피고인의 주장과 증거들은, 배척의 논리 전개 없이, 없는 것처럼 덮고, 그 대신 원심은 이해하기 어려운 궤변을 지어내고, 심지어는 거짓말까지 지어내, 그것을 잣대로 사법 폭력을 가했습니다.

원심 재판부의 초기 재판장 김우정 판사님은 각 쟁점에 대해 법정에서 심리하는 절차를 거치기로 약속하고, 피고인에게 각 주제별로 소요시

간을 제출하라고 명하셨습니다. 이에 피고인은 2021.5.12자에 [답변서] 형식으로 심리 시간표를 제출하였습니다. 하지만 2021.9.8. 속행 과정에서 교체된 재판장 김예영 판사님이 갑자기 2021.11.12.에 변론을 종결한다며, 재판부가 약속한 공판절차를 일방적으로 그리고 기습적으로 파기하였습니다. 1,2심은 사실심이지만, 사실심리를 정당하게 거치지 않은 것입니다. 따라서 이 사건은 파기돼야 할 것입니다.

2 사건의 윤곽

가. 이 병합사건은 모두 [북한군 개입]이라는 큰 우산 아래 존재합니다. 피고인이 [북한군 개입]을 사실로 믿을만한 상당한 근거를 제출했다고 재판부가 인정하면 이 부분 표현은 무죄가 되는 것이고, 아울러 여타의 모든 사건들 역시 피고인에게 유리하게 판단될 수 있는 성격의 것입니다.

이 사건에서 가장 많은 무게를 갖는 부분은 두 개입니다. 하나는 [북한군 개입] 부분이고, 다른 하나는 [안면 분석] 부분입니다. 피고인은 2002~2014까지 순전히 남북한 문헌들을 가지고 '5.18의 진실'을 탐구했습니다. 가장 분량이 많은 자료원은 이른바 '역사바로세우기' 재판이 생산한 문서 18만 쪽이었습니다.

18만쪽 수사-재판자료 파일(당시 변호인으로부터 빌린 것)

피고인은 이를 분석하여 2008년 4부작 1,720쪽 분량의 책 [수사기록으로 본 12.12와 5.18]을 펴냈고 이후 2014.10.24자로 [5.18분석 최종보고서]를 펴낼 때까지 총 8권의 5.18역사책을 펴냈습니다. 여기까지의 연구 결론은 [5.18은 북한군이 주도했다]는 것이었습니다. 재미 역사학자 김대령 박사는 광주가 유네스코에 등재시킨 자료를 가지고 4

부작 [역사로서의 5.18](증185)을 펴냈는데 결론은 피고인의 결론과 같았습니다.

5.18을 북한군이 주도했다면 당연히 당시 광주 현장에서 촬영된 수백 장 사진 속 주역들은 북한 얼굴이어야 한다는 가정이 가능해집니

다. 바로 이때에 필명 '노숙자담요'라는 '얼굴분석 전문가'가 나타나 2015. 5. 5.부터 2018까지, 광주 현장 사진들에서 총 661명의 북한 얼굴을 찾아냈습니다. 광주에 왔던 북한 사람들을 [광수]로 명명하면서 발굴되는 순서에 따라 제661광수까지 번호가 매겨진 것입니다(증160). 661명 중 자기의 얼굴이 있다고 주장하는 5.18측 사람이 아직은 15명이라는 뜻입니다.

나. 따라서 [문헌연구]가 종료된 지 8개월이 지난 시점(2015. 5. 5.)에서부터 시작된 [광수 영상 연구]는 문헌연구의 부산물(byproduct)일 뿐, [북한군 개입]이라는 결론을 내기 위한 필요조건은 아니었습니다. 원심 판결서에 인용한 1심 판결서나 광주 민사판결들이 일관성 있게

"피고인은 몇 사람의 현장 얼굴이 북한 인물과 비슷하게 생긴 점을 이용해 북한군 개입을 주장한다"고 판시했기에 특별히 교통정리 차원에서 말씀드립니다. 여기에서 중요한 포인트는 [북한군 개입]을 믿으면 661명의 얼굴이 북한 얼굴이라고 믿을 수 있는 것이고, 북한군이 절대로 오지 않았다고 믿으면 광수가 있을 수 없다고 생각할 것입니다. 피고인은 북한군이 개입했다고 믿을 수밖에 없는 정황 증거 42개를 [5.18답변서] 50~224쪽에 제시했습니다. 이 42개 정황 증거를 신뢰하기 때문에 자연 661명의 광수도 믿는 사람입니다. 반면 원심 등 재판부는 이 두 가지 모두를 "믿지 않는다" 합니다. 믿지 않는 재판부가 피고인이 제출한 42개 정황 증거를 탄핵하는 절차 없이 [북한군 개입은 없었다]는 자의적 잣대를 가지고 피고인의 연구결과를 범죄시하였습니다. 20여 년에 걸친 피고인의 연구가 재판부의 잣대와 다르다는 이유로 벌을 주는 것은 언어도단이요 재판부의 직권남용이 될 것입니다. 42개 정황 증거 모두가 상당한 이유로 배척되지 않는 한, [북한군 개입] 표현은 20여 년의 연구로 이룩한 학술적 의견(학설)인 것이며 범죄행위가 될 수는 없을 것입니다.

실제로 피고인은 북한군 표현으로 인해 광주법원으로부터는 늘 유죄판결을 받았고, 타 지역으로부터는 무죄판결을 받았습니다. 수원지방법원 안양지원은 사건2010고합51(증153)에서 피고인의 4부작 책은 연구목적으로 저술한 것이라 판결했고, 서울남부지방검찰청은 사건 2019년 형제7446호, 8976호에서 피고인의 국회 공청회 발표 내용(증188)이 학문적 의견이라며 불기소 결정(증204)을 하였습니다. 위 내용은 '5.18은 북한이 저지른 게릴라전이었다' 는 제목으로 발표되었습니다.

이처럼 재판부는 북한군 개입 여부에 대해 판단하는 것이 아니라 피고인에게 [북한군 개입]의 주장을 뒷받침하는 상당한 이유가 있느냐의 여부에 대해 판단하는 기관일 것입니다. 따라서 피고인이 [5.18답변서] 제50~224쪽, 무려 174개 쪽에 걸쳐 제시한 42개 정황 증거는 재판부의 반론 과정을 거쳐야만 배척될 수 있는 것입니다. 반론 과정 없이 '5.18은 이미 역사적 법률적으로 민주화운동으로 확정되었다'는 이유 등 42개 증거에 대한 배척 이유가 아닌 다른 이유를 들어 42개 정황 증거를 무시하는 것은 언어도단이라고 생각합니다.

다. 재판부는 [북한군 개입]여부를 판단하는 기관이 아닐 것입니다. 그것을 판단하는 기관은 업무 소관상 국방부이며 국방부는 [5.18진상규명법]에 의해 2020.5.22.부터 [북한군 개입 여부]에 대해 조사를 하는 과정에 있습니다. 1,2심 판결대로 북한군 개입이 없다고 판명되었다면, 국방부는 지금 무엇 때문에 5.18진상규명조사위원회에 제3과를 설치하고 상당한 국비를 사용하면서 북한군 개입 여부를 조사하고 있는 것인지 이해되지 않습니다.

라. 피고인은 661명의 광수얼굴이 북한 얼굴이라는 것을 확신하였기 때

문에 안보 목적으로 이들에 대한 노숙자담요의 분석 결과를 발견되는 대로 홈페이지 '시스템클럽'에 게시했습니다. '5.18기념재단'은 이 661명 중 15명에 연락하여 이들의 이름으로 소송을 하였습니다. 15명의 광수 얼굴이 자기 얼굴이라 주장한 것입니다. 자기 얼굴이라는 데 대한 고소인들의 주장에는 얼굴의 각 부위에 대한 특징 등 일체의 분석과 해명이 없습니다. 15명 모두가 내건 주장은 "육안으로만 보아도 내가 제 몇 번 광수인지 알 것이다, 내가 내 얼굴 모르겠느냐" 이 하나 뿐이었습니다. 나이나 생김새부터가 전혀 다른 사진, 흔들려서 얼굴 자체가 형성되지 않은 사진 등을 내놓고 이렇게 주장한 것입니다. 반면 노숙자담요는 그들이 주장하는 특정 광수가 어째서 북한의 얼굴인지에 대해 전문가적 매너로 성실하게 분석했고, 어째서 고소인의 얼굴이 광수의 얼굴과 같지 않은지에 대해 과학적으로 분석하여 제출했습니다.

원심은 시간적 알리바이가 형성되지 않는 경우들에도 무조건 피해자들의 주장이 진실이라고 우격다짐 판결을 내렸습니다. 촬영 시에 흔들려서 인식 자체가 안 되는 사진을 제출해놓고 "이것이 내 얼굴이다, 내가 내 얼굴 모르겠느냐" 이 기막힌 주장에 대해서도 원심은 그 주장에 모순이 없다 하였습니다. 피고인이 사진을 합성해 놓았다는 엉뚱한 주장도 먹혀들었습니다. 15명 모두가 나이로 보나 형상으로 보나, 어림도 없는 얼굴을 내놓고 광수가 자기라고 주장을 하였습니다. 피고인은 이 모두에 대해 반론 증거와 분석 결과를 제출했습니다. 하지만 원심은 이 모두에 대해 배척하는 논리를 설시하지 않은 채, 피해자들의 주장은 조건 없이 모두 진실이라 판결하였습니다.

3. 대법원의 명확한 판단이 특별히 요청되는 원심 판결

"문응조라고 쓰고 박철이라고 읽어야 한다"는 것이 원심의 법 이론입니다. 아울러 "법원은 증거 없이도 얼마든지 자의적으로 판결할 수 있다"는 것이 원심의 법 이론입니다. 이 같은 법 이론이 대한민국 사법부에 통용될 수 있는 것인지 확인하여 주시기 바랍니다.

이 소송의 중심에는 [광수] 사건이 있습니다. 피고인은 노숙자담요가 분석한 661명의 광수를 신뢰하여 인터넷 공간에 게시하였습니다. 시범적 전시방법으로 영상을 비교분석하였고, 인물 각각에 대해 성명, 직책, 약력을 명시하였습니다. 661명 중, 한국 사람은 단 한 사람도 없었습니다.

이처럼 노숙자담요는 661명 모두가 북한 사람이라 했지, 광주의 고소인들 얼굴이라 하지 않았습니다. 노숙자담요는 외국 국적을 가진 사람이고, 외국에서 일하는 사람입니다. 그런 그가 광주 등에서 무명인으로 살아가는 고소인들을 어찌 알겠습니까? 명예훼손죄는 상대방에 대해 범행 의도가 전제돼야 성립하는 범죄입니다. 이 지구상에 일면식도 없는 사람을 향해 범행할 동기와 의도를 가질 수 있는 사람은 없습니다. 이 자체로 이 [광수]사건은 기소조차 될 수 없는 사건이었습니다.

그런데도 1심은 15명의 고소인들을 증인으로 불러 신문하는데 심리기간 4년의 거의 전부를 투입하였습니다. 보편타당한 상식을 가진 국민이라면 이 자체가 공무시간의 낭비라 생각할 것입니다. 하지만 원심의 판단 논리는 많이 달랐습니다. 원심 판단의 한 예를 보겠습니다. "노숙자담요가 북한의 '수매양정성 장관 문응조'라 특정한 것은 곧 고소인 박철을 지정한 것으로 보아야 한다"고 판결한 것입니다. "이 얼굴은 북한 장관 문응조 얼굴이다" 이렇게 기재한 것은 곧 "이 얼굴은 당시 18세였던 박철의 얼굴이다" 이렇게 기재한 것으로 보아야 한다는 법리인 것입니다. "문응조라고 쓰고 박철이라고 읽어야 한다"는 것이 원심의 법 이론입니다.

원심에서 가장 중요한 사안에 적용된 이 법리가 대한민국의 사법 논리로 정착될 것인가에 대해 확인하여 주시기 바랍니다.
아래는 이 사건 원심 판결서 221~22쪽, [3. 나 1) 가)]의 요점입니다.

① 사진 속 인물이 북한특수군인지 여부는 시간적, 공간적으로 특정된

사실로서 증거에 의하여 증명이 가능하므로, 사실의 적시에 해당한다.

② 피고인이 지목한 사진들은 5.18민주화운동이 시작된 1980. 5. 18.경부터 계엄군에 의해 최종 진압된 1980. 5. 27.경까지 사이에 광주도청, 광주시내 등지에서 5·18민주화운동과 관련된 어떤 특정한 행동을 하는 인물들의 모습을 담은 사진으로, 배경이 되는 시공간이 한정되어 있다. 따라서 현장 사진들의 얼굴은 북한 사람일 수가 없고, 모두 광주시민들이다.

③ 객관적인 사료와 증언들에 의하여 사진 속 인물이 실제 누구인지 밝혀질 가능성이 있는 데다 피해자들이 사진 속 인물이 자신들이라고 주장하고 있기 때문에 비록 피고인이 피해자들의 이름을 특정하지는 않았다고 해도, 현장 사진 속 인물을 북한 고위층으로 지칭한 행위는 '특정인'을 지목한 경우에 해당하므로, 박남선 등 이 사건 피해자가 특정되었다고 보아야 한다.

현장 사진 속 인물들은 누구인지 밝혀질 가능성이 있기 때문에 시위공간에 있었던 광주사람들이 자기라고 주장하면 그 주장이 맞는 것이 된다는 판결입니다. 피고인이 북한 고위층을 지칭한 행위는 '특정인'을 지목한 경우에 해당하므로, 예를 들어 피고가 '388광수를 문웅조라고 특정한 것'은 곧바로 '388광수를 박철로 특정한 것'으로 보아야 한다는 것입니다. 이런 판결을 가지고 재판을 한다면 "법원은 증거 없이도 얼마든지 자의적으로 판결할 수 있다"는 원칙이 공표되어야 할 것입니다. 이 기상천외한 궤변을 동원해야만 피고인을 죄인으로 단죄할 수 있는 입장에 서 있는 존재가 원심 재판부인 것입니다.

4 상고이유의 요점 정리

가. [북한군 개입]을 부정한 원심의 판결은 무효입니다. 피고인은 책으로 정리한 [5.18답변서]를 통해 [북한군 개입]을 입증하는 42개 정황 증거를 제출했습니다. 원심은 이 42개 증거를 배척하는 논리 전개 없이, '5.18이 민주화운동이라는 것은 법률 및 역사적 평가가 이미 끝났다'는 것을 이유로 42개 증거를 모두 무시한 채, 북한군 개입은 절대 없었다고 판단하였습니다. 하지만 [북한군 개입] 여부에 대해서는 지금 한창 국방부 5.18진상규명조사위원회가 조사 중에 있는 사안입니다. 원심의 이 판결은 국방부의 업무영역을 월권한 것이기도 합니다. 이 42개 정황 증거가 모두 합리적으로 배척되지 않는 한 [북한군 개입설]은 학설로 존중돼야 할 것입니다.

나. 원심이 거짓을 지어냈습니다. 김양래가 광주신부 4명의 허락을 받

아 제작했다는 사진집 얼굴 15명 중 일부가 광주의 전체 사망자 영정 명단에서 발견되었다는 원심의 판결문은 근거 없이 지어낸 허위입니다. 2심 재판부가 거짓을 꾸며내고, 그것을 잣대로 처벌을 내리는 것은 도저히 상상이 가지 않는 파행입니다.

다. 사진집 15점의 얼굴은 광주사망자가 아닙니다. 광주신부들은 1987년, 15구의 으깨진 얼굴들을 [사진집]에 수록하면서 이를 계엄군의 만행이라고 비난하였습니다. 그런데 그 15점 얼굴은 광주가 관리하는 5.18 전체 사망자 154명의 영정사진 파일에서 찾아볼 수 없습니다. 15점의 얼굴이 광주 사망자가 아니라는 것입니다. 여기에 북한이 1982년에 제작한 삐라가 등장합니다. 그 82년도 삐라에는 5점의 얼굴이 계엄군 비난용으로 수록돼 있는데 그 5점의 얼굴이 광주신부들이 제작한 [사진집] 15구 중에 포함돼 있습니다. 그렇다면 광주신부들이 15점의 얼굴을 북한으로부터 입수했을 것이라는 추측을 하게 됩니다. 이를 바탕으로 하여 피고인은 해당 신부들을 '북한과 내통한 빨갱이'라고 평가하였습니다. 이것이 죄가 되는 것인지 살펴주시기 바랍니다. 이것을 죄로 만들기 위해 원심은 15점의 얼굴 일부가 광주 사망자 얼굴로 판명되었다는 거짓말을 지어낸 것입니다.

라. 원심은 고소인들의 거짓에 동조하였습니다. 1987년 사진집 편집 당시 고소인 이영선은 학생 신분이었습니다. 그런데 고소장과 공소장에

는 그가 1987년 당시 신부였다고 기재돼 있습니다. 사기소송에 해당하는 것이었습니다. 피고인이 이 점을 부각했지만 원심은 신부들의 주장에 모순이 없다 하였습니다.

마. 원심은 시간적 상황적 알리바이가 없는데도 고소인들의 주장에 모순이 없다 하였습니다. [광수] 주장자들은 알리바이가 맞지 않고, 주장이 상황과 일치하지 않고, 어째서 자기 얼굴이 광수인가에 대한 특징점조차 증명하기를 거부한 위계의 고소인들입니다. 그런데도 원심은 고소인들의 주장에는 모순이 전혀 없다고 판단하였습니다.

바. 김사복에 대한 피고인의 표현에는 법적 하자가 없습니다. 원심판결 논리는 객관적 입장에 선 논리가 아니라 피고인을 적대시하는 점령군식 논리입니다.

사. 탈북자 장진성은 위장탈북자임이 명백합니다. 장진성은 그의 본명을 장철현이라 공식화했습니다. 그런데 증인신문 결과 그의 본명은 위철현입니다. 그는 천재만이 뽑혀간다는 김일성종합대학을 졸업했다고 자신을 포장했고, 북한 최고의 기관이라는 대남사업부(통일전선부) 산하 101연락소에서 남한의 민중작가 김경민 이름으로 시와 작품을 써서 남한 운동권에 보냈다는 내용으로 경력을 포장하였습니다. 하지만 이 모두가 허위였다는 것을 증인신문과정에서 밝혀냈습니다. 그는 평양에

서 친구를 데리고 기차를 타고 두만강변 무산역에 내린 후 도강을 했다는 요지로 탈북스토리를 썼지만, 그는 평양에서 기차를 타지도 않았고, 무산에서 도강을 하지도 않았습니다. 이는 그를 3시간 신문하는 과정에서 드러나 있으며, 피고인은 답변서에 이런 내용을 부각시켜 제출했습니다.

아. 피고인은 50:1로 집단폭력을 당했을 뿐, 50명 집단을 향해 공격한 바 없습니다. 2016. 5. 19. 서관 525법정 출입문에서부터 법원 경내에 있는 동안 피고인은 맞기만 했지 공격적으로 가해를 한 바 없습니다. 더구나 피고인의 당시 나이는 76세였습니다. 펄펄 나는 어깨가 아니었습니다. 그 어느 바보가 76세의 나이에 50명을 향해 주먹을 날리겠습니까? 서초경찰은 피고인을 구타한 7명의 신원을 확인했는데도 검사는 그들이 5.18유공자 또는 그 가족이라는 이유로 무혐의 처분하였고, 반면 피고인은 베트남 전선에서 무공훈장을 받고 상해 6급 유공자증을 보유하고 있는데도 기소하였습니다. 원심은 광주사람들이 집단으로 폭행하는 장면을 벗어나기 위한 [피신의 모션]을 [공격 모션]으로 탈바꿈시켜 벌을 주었습니다. 감정이 있는 사람들은 이 사건 동영상을 볼 때마다 눈물로 피고인을 동정하고 집단폭행자들에 분노합니다. 반면 원심은 이해하기 어려운 궤변을 창작하여 [죄 없는 행동]을 [죄 있는 행동]으로 전환하려는 노력을 보였습니다. 아무리 원심의 이념이 피고인과 다르다 해도 이건 아니라고 생각합니다.

5 광주신부들에 대하여

가. 공소장 범죄사실 대상이 된 표현

게시물: 2014. 11. 16. 게시한 '5. 18광주의 유언비어는 위장한 천주교신부들이 담당' 제목의 글

1) "정의평화위원회는 신부를 가장한 공산주의자들이다."
2) "사진집 사진들은 북한의 정치 공작원들과 공모-공동하여 만든 후 유포시킨 것이다."
3) "천주교 정의평화위원회는 지금도 대한민국을 파괴하고 사회적화를 위해 몸부림치고 있다."

나. 원심 판결의 요지

1) 삐라를 만든 주체와 제작 및 배포 시기가 불분명하다.
2) 삐라에 실린 사진들이 북한이 제작한 작품이라는 근거가 없다.
3) 1987년 얼굴들의 일부가 광주희생자 사진으로 확인되었다(판결서 18쪽).

4) 사진 출처에 대한 김양래의 주장은 사실로 보인다.

5) 따라서 피고인 지만원의 표현은 허위에 해당하고 표현마저 단정적이고 악의적이라 의도적인 범죄에 해당한다.

다. 피고인의 반론

1) 1987년 '광주대교구정의평화위원회' 명의로 발행된 사진집 [오월 그날이 다시오면에 15구의 으깨진 얼굴 사진이 수록돼 있습니다. 광주신부들은 이 얼굴이 공수부대가 광주시민을 야만적으로 살해한 증거라고 선전했습니다.

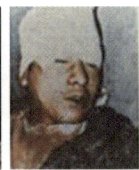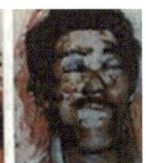

1987 사진집 얼굴

'5.18기념재단' 홈페이지에는 광주사망자 154명에 대한 영정사진이 전시돼 있습니다.

5.18기념재단 홈페이지 영정사진

1982년 발행된 북한 삐라(증61)에는 5점의 얼굴 사진이 있는데 이 5점의 얼굴이 1987년 사진집 얼굴 5점과 일치합니다.

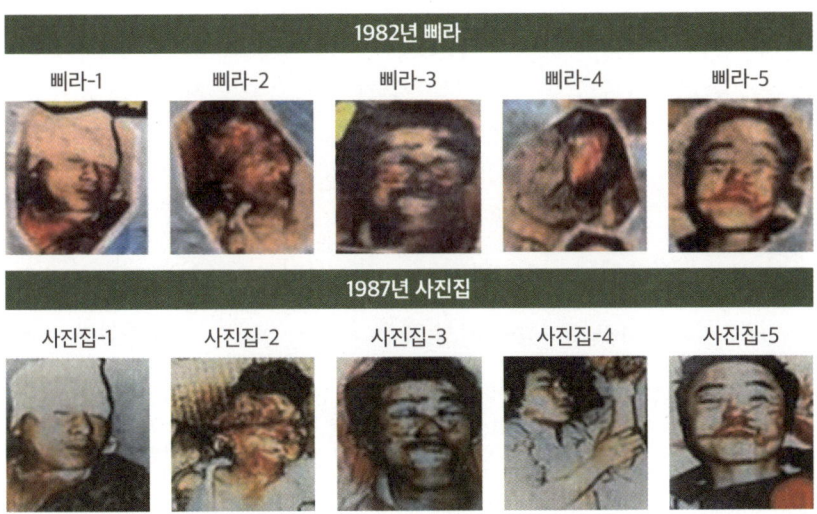

여기에서 피고인이 내린 결론은 두 가지였습니다. ① 1982년의 북한 삐라에 있는 5점의 얼굴이 1987년 광주신부들이 발행한 사진집 얼굴에 들어 있다면 광주신부들은 북한으로부터 얼굴을 수집한 것이 된다. ② 1987년의 사진집 얼굴 15점이 광주사망자 총수 154점의 영정사진에 들어 있지 않으면 15점의 얼굴은 북한이 제작한 얼굴이 된다.

2) [5.18답변서] 제31~31쪽에는 얼굴 형체를 알아볼 수 없는 16구의 시체까지도 영정사진의 누구라고 규명돼 있다는 사실이 증명돼 있습니다. 규명되지 않은 얼굴이 없다는 것입니다.

김상태

박현숙

최열락

반면 1987년 사진집 얼굴은 식별이 가능한 얼굴들입니다. 이 사건 소송을 주도한 김양래는 소송 당시 5.18기념재단 상임이사로 154점의 영정사진을 관리하고 있었습니다. 그런 그가 2017.10.12.자 증인으로 출석하여 "15구의 얼굴이 총 광주사망자 154구 중 누구에 해당하는지 찾아보지 않았고, 찾아 볼 필요조차 없었다" 는 무책임한 말로 규명을 회피하였습니다(김양래 녹취서 제10쪽). 1,2심 심리과정에서도 이를 심리한 바 없습니다. [5.18답변서]와 원심 재판정에서 실시한 USB 발표에서 피고인은 15구의 얼굴을 154점의 얼굴에서 찾을 수 없다 하였습니다. 이렇게 되면 15점의 얼굴은 영정사진에 없는 얼굴이 되는 것입니다.

그렇다면, ① 신부들은 1982년에 북한이 보유했던 5점의 사진을 1987년 사진집에 사용했다는 것이 되고, 1987년 발행한 화보집 15점의 얼굴 역시 광주시민이 아닌 것이 됩니다. 바로 이 단계에서 피고인의 죄는 소멸돼야 할 것입니다. 신부들이 북한으로부터 사진을 가져와 계엄군을 모략했다면 그들은 '북한과 공모한 빨갱이'로 평가되는 것입니다. 그런데 기상천외하게도 원심은 "15구 중 일부는 광주시민인 것으로 밝혀졌다"고 판결하였습니다. 15구 중 누구누구가 광주시민에 해당한다는 데 대한 설명도 없습니다. 원심 재판부가 거짓을 꾸몄고, 그 거짓을 잣대로 피고인에게 죄를 씌운 것입니다.

3) 삐라는 1982년에 발행됐으며, 발행주체는 당시 한국에 없었던 '민주

화추진위원회'로 기재돼 있습니다. 전두환이 광주대학살을 자행했다는 메시지를 담은 것입니다. 이 삐라 뭉치 중에는 '광주대학살 잊지 말자'라는 제목의 삐라가 있었습니다(증61). 이 삐라 뭉치는 2012.2.23. 파주시 헤이리마을 [근현대사 박물관] 3층 [불온삐라 코너]에도 전시돼 있었습니다(증192,193). 이 삐라에는 5구의 시체 얼굴이 담겨있고 아울러 광주희생자에 대한 통계수치가 문자로 담겨 있습니다. 그런데 이 희생자 관련 통계자료는 글자 하나 틀리지 않고 북한이 1982년에 발행한 [주체의 기치따라 나아가는 남조선인민들의 투쟁] 제591쪽 7개 줄에 걸쳐 고스란히 담겨있습니다(증194).

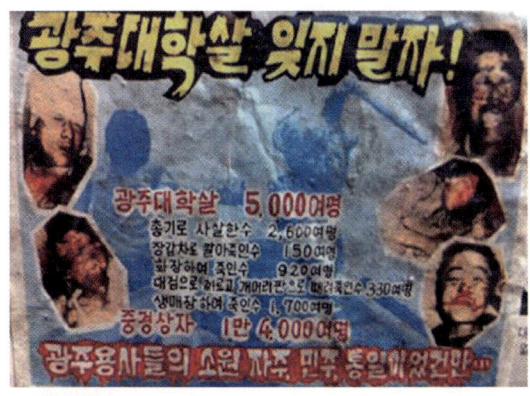

1982년 삐라

광주에서 희생된 수는 5천여명에 달하는데 총기류에 의해 살해당한 수는 2,600여명, 장갑차 등에 깔려죽은 수는 150여명, 생매장당한 수는 1,700여명, 화장당한 수는 920여명, 대검에 찔리우고 총학에 맞아죽은 수는 330여명이며 중경상자는 1만 4천여명이나 된다.

1982년 북한책 591쪽

이 삐라에 기재된 5구의 얼굴이 1987년의 사진집 15구의 시체 얼굴 중

5점과 일치합니다(5.18답변서 32쪽 사진 참조). 1982년에 북한이 보유한 사진을 1987년에 광주신부들이 사용했다는 결론이 도출됩니다. 이에 원심은 삐라가 북한이 발행한 것이 아니라고 반론합니다. 설사 북한이 발행했다 해도 그 사진만큼은 북한이 제작한 것이라고 단정할 수 없다고도 판시합니다. 이 판결이 논리적인 것인지 살펴주시기 바랍니다.

삐라에는 ①사진과 ②텍스트가 공존해 있습니다. 텍스트 내용은 남한에서 제작할 수 없는 내용입니다. 이런 텍스트를 보면 이는 분명 북한 삐라일 수밖에 없습니다. 원심의 판시대로라면 위 삐라는 북한이 제작하기는 했는데, 삐리 속 텍스트는 북한 문헌에서 인용했고, 5점의 사진은 광주시민이라는 뜻이 됩니다. 그러면 5점의 얼굴은 154점의 영정사진에서 누구라고 특정되어야만 할 것입니다. 그러나 재판부는 이를 특정하지 않았습니다. 텍스트가 북한에서 나온 자료이고, 5점의 사진이 154점의 영정사진 중에 없는 것이면, 논리상 5점의 얼굴은 북한이 제작한 얼굴이 되는 것입니다. 원심의 설시 과정에는 논리가 보이지 않고 억지와 거짓만 보입니다.

4) 원심 판결서에는 간과될 수 없는 매우 중대한 법관의 거짓말이 들어 있습니다. "15구 중 일부는 광주시민인 것으로 밝혀졌다"는 내용입니다. 이는 피고인이 처음 듣는 내용이며, 이에 대한 증거나 논리가 전혀 없습니다.

5) 원심은 15점의 사진을 광주시민이 촬영했다고 판결하였습니다. 이에 대한 증거는 고소인의 주장일 뿐 증거로 확인된 것이 없습니다. 여기에서 매우 중요한 4개의 사실이 정리됩니다. ① 15점은 1980년 광주시민이 촬영했다. ② 15점은 정평위가 소유했다. ③ 15점의 얼굴 중 5점은 1982년 북한 삐라에 수록돼 있다. ④정평위가 15점의 사진을 처음으로 사용한 해는 1987년이다. 이 4개의 사실은 무엇을 의미하는 것입니까? 정평위가 보유한 사진을 정평위가 사용하기 5년 전에 북한이 먼저 활용하였다는 것을 의미합니다. 정평위가 넘겨주지 않았다면 북한이 무슨 수로 정평위보다 먼저 그 사진들을 사용할 수 있겠습니까?

6) 원심은 판결 기준을 일탈하였습니다. 명예훼손죄의 구성 요건은 수능문제에서처럼 답이 맞느냐, 틀리느냐를 채점하는 것이 아니라 피고인의 표현이나 주장이 사실로 믿을만한 상당한 근거로 뒷받침돼 있느냐의 여부일 것입니다.

이런 측면에서 피고인이 제시한 근거들을 살펴보겠습니다. ① 증61의 삐라가 있고, 그 삐라가 파주시 근현대사 박물관에 전시돼 있다는 사실을 확인했습니다. ② 그 삐라에 기재된 5점의 사진이 1987년의 사진집 얼굴 5점과 일치한다는 것을 찾아냈습니다. ③ 그 5점을 포함한 15점의 얼굴이 광주에서 사망한 총 사망자 영정사진 154점 중에 없다는 것을 발견하였습니다. ④ 북한이 1982년에 발행한 631쪽 분량의 두꺼운

책에서 잔디 속 바늘을 찾아내듯 그 591쪽에서 증명에 필요한 텍스트를 찾아냈습니다. 이 정도이면 피고인은 피고인 표현이 사실이라고 믿을 만한 충분한 근거를 가지고 있는 경우에 해당한다고 생각합니다. 그런데 원심 재판부는 삐라에 대한 피고인의 주장이 재판부가 생각하는 정답이 아니라고 채점하였습니다. 이는 대법원 판례가 규정한 잣대를 무시한 처사가 아닐 수 없습니다.

7) 2019.5.16.자 이영선 녹취서 제3쪽에는 이영선이 1987년 사진집 발행 당시 신부가 아니라 신학생이었다고 진술했습니다. 하지만 이영선은 고소장에서 1987년에 "신부"였다고 주장했습니다. 이는 위계 또는 사기소송에 해당할 것입니다. 그런데도 재판부는 그의 주장 모두가 진실이었다고 판결했습니다. 이는 무서운 자의적 독재입니다. 증거기록 472-477에는 이영선이 연평도 폭격을 옹호했다는 기사가 있습니다. 증거기록 476-477에는 이영선이 제주도 해군기지 저지 시위를 주도해 사업을 지연시키는 바람에 273억 원의 국고손실을 유발시켰다는 기사가 있습니다. 이 자체만으로도 이영선 신부는 빨갱이로 불릴만하다고 생각합니다. 이상 1)~5)는 [5.18답변서] 25~35쪽에 요약돼 있습니다.

이상은 판단유탈, 심리미진, 이유 불비, 법리오해, 사실오인, 채증 법칙의 위반 등 파기 사유의 차원을 훨씬 넘어 '무조건' '안면 몰수' '막무가내'를 의미하는 인민재판이라 아니할 수 없습니다.

라. 소 결

1) 1987년, 신부들이 계엄군 소행이라고 비난하기 위해 사용한 사진집 속 비참한 얼굴들은 광주시민의 얼굴이 아닙니다. 그 사진들은 북한의 삐라가 증명해주듯이 북한이 제작한 얼굴입니다. 따라서 신부들은 북한으로부터 자료를 얻어다가 1987년에 사진집을 제작하여 계엄군을 모략하였습니다. 이 행위는 빨갱이로 평가될 수 있습니다.

2) 피고인이 제출한 주장과 증거들이 논리적 배척 과정을 거치지 않고, 전혀 다른 차원의 자의적인 잣대로 무시당했습니다. 이 무단 판결은 파기되거나 다시 심리되어야 합니다.

3) 피고인은 법 앞에서 고소인들에 비해 부당한 대우를 현저한 수준으로 받았습니다. 고소인들의 진술은 틀려도 맞는 것이고, 피고인의 주장과 증거는 모두 반론 과정 없이 허위로 취급된 것입니다. 이는 점령군의 군사재판에서나 있을법한 재판이라고 생각합니다.

4) 재판부가 거짓말을 지어낸다는 것은 산천초목이 경악할 이변일 것입니다

5) 이상은 파기 사유 6개 항목 모두에 해당합니다.

6 박남선 등 광수 관련 피해자에 대하여

가. 공소의 요지

피해자들은 순수한 민주화운동에 기여한 인물들이었는데, 피고인이 피해자들을 북한 사람이라고 특정함으로써 피해자들의 명예를 훼손하였다.

나. 원심 판결의 요지

1) 광주에 북한군은 오지 않았다. 5.18이 민주화운동이라는 점은 1997년의 판결, 피고인에 손해배상을 선고한 광주법원의 판결, 5.18민주유공자예우에 관한 법률 제정과정에서 이미 밝혀졌다. 따라서 [북한군 개입] 표현은 5.18민주화운동을 부정하려는 의도적이고 악의적인 표현이다.

2) 북한군이 오지 않았기 때문에 당시 광주 현장 사진 속 얼굴들은 북한 얼굴일 수 없다. 현장 사진 속 얼굴들이 북한 얼굴이라 주장한 것은 피

고인의 범의를 뒷받침하기 위한 수단이었다. 이는 5.18에 대한 역사적 진실을 밝히려는 것이 아니라 5.18민주화운동의 역사적 의의와 가치를 폄훼하려는 범행이다.

3) 사진 속 인물들은 실제 누구인지 밝혀질 가능성이 있기 때문에 시위 공간에 있었던 광주사람들이 자기라고 주장하면 그 주장이 맞는 것이 된다. 피고인이 북한 고위층을 지칭한 행위는 '특정인'을 지목한 경우에 해당하므로, 이 사건 피해자들의 이름을 특정한 것으로 보아야 한다.

4) 피해자들의 진술은 구체적이고 상세하며 모순이 없다.

5) 북한군이 어디로 와서 어디로 갔는지를 설명하지 못하면 북한군은 오지 않은 것이다. 피고인은 그 어느 답변서에서도 이를 설명하지 않았다.

다. 피고인의 반론

1) 북한군 개입에 대하여

피고인은 북한군이 개입했다는 결론을 뒷받침하는 정황 증거 42개를 174쪽 분량으로 제출했습니다(5.18답변서 50~224쪽). 42개의 정황 증거는 아래와 같이 요약될 수 있습니다. 판결의 공정성을 위해서나, 국가

안보를 위해서나 결코 반론 과정 없이 무시될 수 있는 가벼운 증거들이 아니라고 생각합니다. 피고인의 주장인 [북한군 개입]은 북한이 선전포고 없이 몰래 침투해 폭동을 일으켰다는 내용입니다. 피고인은 이를 뒷받침하는 자료를 구하기 위해 무려 20여 년을 투입하였습니다. 그 결과 42개의 정황 증거를 수집하여 제시했습니다. 이 42개 증거를 객관적인 절차와 논리와 증거로 무력화시키지 않고, 자의적으로 무시하는 것은 이적행위로 규정될 수 있는 만큼, 가장 공정하고 신중한 판단이 요구되는 중차대한 국가적 사안입니다.

가) 광주운동권 인물들과 항쟁본부 구성한 죄고 5.18유공자들은 충돌이 가장 치열했던 5.18~5.24. 기간에 시위에 참가하지 않았습니다.

광주-전남지역의 운동권 선두에 섰던 윤한봉과 박관현은 5월 17일 이전에 도망갔고, 남아 있던 정동년은 체포됐습니다. 광주지역 운동권들이 5.18시위 현장에 없었던 것입니다. 김종배, 윤상원 등 5.18 최고 반열의 유공자들은 훗날 '항쟁본부'라고 개명된 '시민학생수습위원회'를 구성한 사람들이며, 이 위원회는 5월 25일에야 전남도청에서 꾸려졌는데, 이들 모두는 서로가 서로를 모르는 낯선 사람들이었습니다(증59, 5.18답변서 76~77쪽). 1980.5.25일 이전에는 광주시민들이 조직한 시위대가 없었다는 의미인 것입니다. 5.18 10일간의 시위는 5.18~24까지의 '무장시위' 기간과 5.25~26의 '수습' 기간, 그리고 5.27새벽의 '진압' 순간으로 분리됩니다. 5.18 최고 반열의 유공자들은 5.25에 각자 도청에 들어가 갑론을박하다 진압된 사람들입니다(증59, 5.18답변서98~175쪽). 유공자들이 개칭한 '항쟁본부'는 바로 수습 차원에서 5.25.에 형성된 모임이었던 것입니다. 결론적으로 5.18~24 기간에 괴력을 과시했던 무장시위에 대해서는 이를 조직하고 지휘한 사람이 광주에 없다는 것입니다.

나) 광주 시위 참가자의 80% 이상이 10~20대의 초중고 학생, 공원, 식당 종업원, 실업자, 노동자, 농민, 구두닦이 등 사회적으로 대접받지 못했던 저변 인구들로, 정치 슬로건을 선도하거나 시위의 조직화를 선도할 수 있는 계층이 아니었습니다.

사망자 154명과 군법회의 제1심에서 집행유예 이상의 처벌을 받은 257명에 대한 성분을 분석한 결과 10대가 20%, 20대가 61%였고, 직업은 학생, 무직, 공원, 농부, 종업원, 목공, 철공, 구두닦이, 식당종업원, 벽돌공, 칠기공 등 주로 초-중-고 학생들과 하층계급에 속했던 사람이었습니다(증59, 5.18답변서65~82쪽). 그들은 조직력이 없는 사람들이었습니다. 북한 조국통일사가 1982년에 발행한 [주체의 기치따라 나아가는 남조선인민들의 투쟁](증194) 제600쪽에는 체포자 730명에 대한 성분 분석 결과가 기재돼 있습니다. 학생21%, 노동자 35.8%, 실업자 17.3%, 농민6.4%, 상인 6.4%, 회사원 5.1%, 기타 8%로 정리돼 있습니다. 남한 자료를 보나 북한 자료를 보나, 시위 공간에서 사망한 사람 그리고 붙잡

힌 사람의 80% 이상이 초중고 학생들과 10~20대의 개념 없는 어린 사람들이었고, 직업 역시 의식을 계몽하는데 앞장서거나 시민들을 결집하여 조직할 수 있는 능력의 소유자들이 가질 수 있는 업종들이 아니었습니다. 이 부분 자료들은 [5.18답변서] 제89~91쪽에 정리돼 있습니다.

다) 광주에 출현한 맥가이버 부대

위와 같이 시민들을 의식화시키고 선동할 수 있는 운동권은 1980.5.17. 산천초목이 얼어붙었다던 '예비검속'이 무서워 도망갔거나 체포됐고, 시위 공산에 있었던 사람들은 어리거나 직업이 없거나 사회 저변에서 기름 묻히고 땀 흘리고 천대받던 사람들이 그 80% 이상을 차지하고 있었습니다. 그런데 광주에서는 이런 사람들이 주동했다고는 도저히 생각할 수 없는 군사작전 상황들이 발생했습니다. 이를 뒷받침하는 현장 사진들이 수백 장 규모로 나와 있습니다.

(1) 불가사의한 군사작전

1980년 5월 21일의 상황이 매우 특별합니다. 부대 이동 계획은 극비로 취급됩니다. 그런데 정체불명의 300명 집단이 20사단 지휘부 차량부대가 광주 톨게이트를 정확히 08시에 통과한다는 극비 정보를 알아가지고 장애물을 미리 설치하고 매복하고 있다가 정확히 08시에 그곳을 통과하는 사단장 지프차를 포함 14대의 지프차를 탈취하여 이웃에 있는 군납업체 '아시아자동차 공장'으로 향했습니다. 이 지프차 차량행렬 사진은 [5.18답변서] 제53쪽에 있습니다.

09시, 또 다른 300명이 다섯 대의 버스를 타고 아시아자동차 공장으로 와서 매복부대 300명과 합류하였습니다. 이들 600명은 삼엄하게 경비되고 있던 아시아자동차 군납공장을 점령하여 장갑차 4대와 군용트럭 370여 대를 탈취하여 전남지역 17개 시-군에 위장돼 있는 무기고를 불과 4시간 만에 털어 5,300여 정의 총기와 다수의 폭발물을 탈취하였습니다.

이는 1985.7.18. 검찰이 발행한 [5.18관련사건 수사결과]와 [안기부 상황일지]에 기재돼 있으며(증59), [북한 자료들]이 이를 뒷받침해주고 있습니다(5.18답변서 64~69쪽). 특히 장갑차는 군에 납품되지 않았던 것이기에 운전 매뉴얼이 없으면 운전을 할 수 없었습니다. 또한 당시는 자

가용 시대가 아니어서 운전자들이 귀했던 시대였습니다. 군사작전으로 밖에는 해석이 되지 않는 이런 상황 자료가 검찰과 안기부 자료에 원석의 상태로 기재돼 있었지만 당시의 분석관들은 이를 제대로 해석하지 못했습니다. 하지만 응용수학박사인 피고인은 이 '원석과 같은 자료'를 통계 처리하였고, 그 결과 누구의 눈에나 보일 수 있는 가시성 있는 정보를 생산해 냈습니다.

(2) 전남도청 접수한 존재는 광주시민들과는 거리가 먼 군사프로 집단

전남도청은 공수부내 5개 대대가 5월 19일부터 결사적으로 방어했습니다. 하지만 5월 21일 오후 4시부터 공수부대는 수에 밀려 포위당했습니다. 사면초가의 처지가 된 계엄군은 포위망을 간신히 뚫고 무장 시민들로부터 집중 사격을 받고, 스나이핑도 당하면서 광주시 외곽으로 도망을 갔습니다. 이어서 계엄 당국은 교도소를 공격하라는 내용의 북한 지령을 무전으로 감청하고 교도소를 방어하고 있던 제31 향토사단 96연대 병력을 정예부대인 3공수여단으로 교체하였습니다.

계엄군을 몰아내고 도청을 접수한 핵심 집단은 광주시민들이 아니라 군사프로 집단이었습니다. 이에 대한 증거는 [5.18답변서] 76~77쪽에 정리돼 있습니다. 도청 정문을 무장 어깨들이 지키는 사진, 도청 안에서 무장한 어깨들이 전투 관련 행위를 하고 있는 사진들이 [5.18답변서]

51~57쪽에 정리돼 있습니다. 사진 자체가 던지는 전달력이 매우 큽니다. 사진 속에 나타난 전투프로들이 광주의 기층인구일 수는 없다는 것이 피고인의 판단입니다.

(3) 전남도청에 2,100발의 TNT 폭탄조립

폭탄조립 폭탄해체(배승일)

TNT, 도화선, 수류탄 등 폭발물을 앞에 놓고, 그것들로부터 미량으로 유출되는 유해가스를 흡입하지 않기 위해 방독면까지 쓰고 작업하는 프로들의 사진이 [5.18답변서] 제55쪽에 제시돼 있습니다. 이 분야 전문가가 아니면 군을 필한 사람이라 해도 방독면 쓸 생각을 하지 못합니다. 진압 직전에 이들이 조립해 놓은 2,100발의 TNT폭탄을 목숨을 걸고 잠입하여 해체한 기술자가 있었습니다. 5급 갑의 배승일 문관이었습니다[5.18답변서] 71쪽).

(4) 1급 보안시설 광주교도소를 5회씩이나 야간작전으로 무장공격

1997.4.17. 대법원 판결문 '2-가' 항에는 광주무장 시위대가 광주교도소를 5회 공격했다는 사실이 기재돼 있습니다. 교도소는 계엄이 선포되면 우선적으로 경비해야 하는 1급 보안시설입니다. 이를 무장공격한 행위는 민주화운동 범위에 있지 않습니다. 피고인은 이를 북한 지령을 받은 공격이라고 판단합니다.

교도소 공격은 밤에 이루어졌으며, 야간작전은 고도로 훈련된 공수부대 요원들도 공포심을 갖는 특수작전에 속합니다. 여기에 총알받이로 강제 동원된 일부 광주시민들은 공격 주체가 될 수 없습니다. 야음 공격은 기도비닉(공격의도를 극비로 한다는 군사용어)이 필수이기 때문에 아무 시민이나 동원하면 기습 의도가 탄로 납니다. 무장시위대가 교도소를 집요하게 공격한 이유는 거기에 수감돼 있는 간첩수 170명을 포함한 2,700명의 수용자를 해방시켜 폭동의 동력으로 삼기 위한 것으로 해석됩니다.

교도소 공격으로 인해 공격집단에서는 많은 사망자가 발생할 수밖에 없었을 것입니다. 이 많은 사망자가 바로 2014.5.23.부터 청주에서 이 상하게 발견된 430구 유골이라는 판단을 합니다. 북한군이 침투했다는 데 대한 증거가 잡히면 북한은 UN에서 전범집단으로 재판을 받게 되기 때문에 북한군 시체는 광주에서 먼 거리에 숨겨야만 했을 것입니다. 도청을 점령했던 전투프로집단이 5월 24일 낮에 증발한 것은 바로 교도소 공격에서 떼죽음을 당해 전투 동력을 상실했기 때문일 것입니다.

(5) 이 병합사건에는 소송 당시의 광주시장 윤장현의 고소사건이 포함돼 있다가 취하되었습니다. 2017년, 윤장현과 김양래는 "광주시민은 절대로 교도소를 공격한 적이 없다" 했습니다. 그렇다면 교도소는 광주시민 아닌 외지인이 공격했다는 말이 됩니다. 교도소를 북한군이 공격했다는 것을 광주시장과 '5.18기념재단'의 실무책임자 상임이사가 명백히 확인해 준 것입니다. 윤장현은 피고인의 이 말을 문제 삼아 고소했다가 취하한 것입니다.

(6) 5.18기념재단 홈페이지 상황일지에 기록된 "서울서 온 대학생 500여 명 광주도착, 환영식 거행" 이라는 글자의 의미

2017.10.12. 증인으로 출석한 김양래는 '5.18기념재단 상임이사'로 이 사건 소송을 주도한 사람입니다. 변호인이 위 환영식의 의미가 무엇이

냐고 물었습니다. 이에 김양래는 "전혀 아는 바 없다"고 답한 후 "전두환이 투입시킨 편의대일 가능성이 있다"고 답했습니다. 편의대는 게릴라를 의미합니다. 전두환이 다른 부대 장병들에 민간복을 입혀 공수부대를 공격했다는 이 어처구니없는 주장은 결국 [5.18기념재단]에 기록된 '서울서 온 학생 500여 명'의 정체를 밝힐 수 없다는 딱한 입장의 표시라 아니할 수 없을 것입니다.

(7) 광주 현장에 중화기 들고 등장한 어깨들은 국제 용병 수준

[5.18답변서] 제53~58쪽에는 무기고에서 탈취한 무거운 중화기를 자유자재로 다루고 있는 모습들이 많이 보입니다. 이 사진들을 놓고 광주의 기층 계급이라고 할 사람은 없을 것입니다. 아래 동그라미로 표식된 어깨는 무거운 중화기 M16유탄발사기를 우악스럽게 파지하고, 앞에 찬 헝겊주머니에는 유탄이 가득 들어있습니다. 가운데 사진은 웬만한 체력이면 사진처럼 가볍게 멜 수 없는 CAL50 기관총입니다. 오른쪽에는 장갑차를 유도하는 군사작전입니다. 이런 작전의 주역들이 광주의 어린 시민들이라고 생각하는 것은 보편타당한 생각이 아닐 것입니다.

(8) 지휘체계 완연한 전투프로 사진들

광주 현장 사진들에는 지휘체계가 갖추어지고, 몸매가 단련되고, 총을 가볍게 다루고, 분업체계가 갖추어져 있고, 자세들이 범상치 않은 전투 프로로밖에 보이지 않는 집단들이 많이 있습니다([5.18답변서] 53~59쪽).

(9) "시위에 예비군 참여 없었다"는 항쟁사령관 김종배 증언

항쟁본부 총사령관이었다는 김종배는 항쟁본부가 1980.5.25.에 조직되었고, 거기에서 "이제부터 예비군도 좀 동원하고 체계적으로 대비해보자"는 이야기를 나눴다는 요지의 증언을 했습니다([5.18답변서] 제201-202쪽).

라) 5.18현장을 촬영한 기록영화 1980년에 북한이 제작 - 결정적 단서

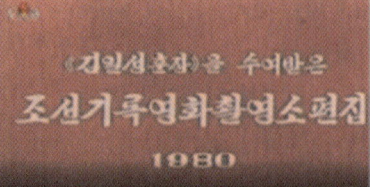

광주 현장을 담은 기록영화가 1980년 바로 그해 북한에서 제작되었고, 그 축소판이 42분짜리 영상으로 제작되어 전라도 일대에 관람되었습니다(증137 USB, [5.18답변서] 제94쪽). 이는 5.18현장을 북한이 촬영했다는 결정적 증거라고 아니할 수 없습니다. 증137 기록영화 앞부분에는 "이 영화는 반파쇼민주화투쟁에 일떠선 광주를 비롯한 남조선 청년학생들과 인민들의 영웅적 항쟁자료 가운데서 그 일부를 편집한 것이다"라고 기재돼 있고, 영화의 끝부분에는 '<김일성 훈장>을 수여받은 조선기록영화촬영소 편집 1980'으로 기재돼 있습니다([5.18답변서] 제94쪽).

마) 5.18은 북한이 주도한 역사라는 것을 믿을 수밖에 없는 북한의 현상들

한국에서는 매년 5.18행사를 광주에서만 1회에 한하여 개최합니다. 반면 북한에서는 매년 북한 전역의 시-도-도시 단위에서 여러 날에 걸쳐 기념합니다. 노동력을 귀하게 여기는 북한이 광주의 민주화운동을 대한민국에 비해 수십 배 규모로, 평양 한 곳만이 아니라 북한의 전 시-도-도시 단위로 거행하는 이유를 이상하게 여기지 않는 것은 세상을 무관심하게 살아가는 사람에나 가능한 일일 것입니다. 이와 아울러 김일성은 북한에서 최고인 것에 영예의 상징으로 [5.18] 글자를 하사했습니다. '5.18청년호', '5.18영화연구소', '5.18공장'.. 등입니다([5.18답변서] 91~93쪽).

5.18 30주년 기념행사(평양노동자회관)   5.18청년호(1만톤 프레스)

바) 광주 시위를 북한이 주도했다는 단서들

북한 교과서에 '5.18은 김일성 교시로 이루어진 것'이라는 내용이 실려 있다는 학자의 연구가 2015.10.14. 연합뉴스 등에 보도된 바 있습니다(증249). 북한 조국통일사가 1982년에 발행한 [주체의 기치따라 나아가는 남조선 인민들의 투쟁](증194)과 북한의 노동당출판사가 1985년에 발행한 [광주의 분노](증251)에는 광주 현장에서 발생한 상황들이 서사적으로 묘사돼 있습니다. 이는 남한의 상황일지와는 비교할 수 없을 정도로 구체적이고 자세합니다. 증194에는 광주에서 북한이 적용했다는 시위 전략, 시위 전술 그리고 교훈이 도출돼 있습니다. 반면 남한의 문헌들에는 광주 시위에서 사용된 시위 전략, 시위 전술, 교훈이 기재돼 있지 않고 연구도 된 바도 없습니다. 결론적으로 북한은 광주에서 사용된 시위 전략, 시위 전술을 만들어 군사작전을 기획했고, 현장 상황을 계엄군보다 더 자세하게 기록하였으며, 사태가 종료된 직후인 1980년 그 해에 광주 현장을 촬영한 동영상을 가지고 기록영화까지 만들었습니다([5.18답변서] 79~89쪽). 북한이 5.18시위를 풀코스로 관리했다는 생생한 증거일 수밖에 없는 것입니다.

사) 황장엽과 김덕홍의 증언: 5.18은 북한 통일전선부가 주도했고, 담당자들이 훈장을 받았다.

황장엽의 망명 직전, 중국에서 황장엽을 접촉한 전 월간조선 편집장이, 황장엽으로부터 들어서 메모했던 내용과 1998.7. 황장엽과 김덕홍을 동시에 앉혀놓고 인터뷰한 내용을 2013.4.22. TV조선에서 밝혔습니다. 5.18은 북한 통전부가 주도했고, 관련자들이 훈장들을 받았다는 내용입니다(증42, [5.18답변서] 100~101쪽)

아) 비밀 해제되어 2020.5.11. 한국 정부로 이양된 미국 외교문서 9건, 북한 개입 진하게 암시한 반면 한국 외교부가 불리한 문서 숨겨

피고인은 2020.5.11. 미국이 한국 정부에 이관한 문서 122건 520여 쪽 모두를 책자로 묶어 증207-1로 제출했습니다. 그런데 한국 외교부가 국가기록원에 공개한 자료는 보도 내용 그대로 43건 140쪽이었으며 여기에는 북한군 개입을 강하게 시사하는 9건의 문서 모두가 빠져 있습니다. 외교부가 5.18의 진실을 감추기 위해 국민을 속인 것입니다. 이 9건의 결정적 문서는 [5.18답변서] 제95~100쪽에 제시돼 있습니다. 인민재판이 열리고 몇 명이 처형된 것으로 알려졌다는 제6번째 문서를 뒷받침해주는 4개의 사진이 [5.18답변서] 제98~99쪽에 실려 있습니다. 4명의 시민이 무장 어깨들에 의해 체포돼 가는 사진입니다. 광주의 기층 시민들이 건장한 광주시민 4명을 체포해간다는 것은 상식 밖의 현상입니다. 연행조는 몸매가 단련돼 있고, 체포행위에 숙달돼 있는 사람들로 보입니다.

자) 청주유골 430구는 북한 유골

전남대학교 5.18연구소 조사기록에는, 광주 시립 공동묘지에서 일하는 사람의 손을 거친 시체가 594구였고, 5월 27일 새벽에 시체를 운구하는 트럭들이 시외로 빠져나가는 것을 목격했다는 증언들이 5.18연구소 이름으로 확인돼 있습니다. 당시 사망한 광주시민의 숫자는 정확히 164명으로 기록돼 있었습니다. 청주시가 원심 재판부에 제출한 사실 확인 문서에는 청주에서 발견된 시체가 정확히 430구라고 확인돼 있습니다. 2014.5.23.부터 보도된 수많은 기사에 의하면 청주에서 발견된 유골은 똑같은 규격의 나무편에 하얀색 비닐로 둘둘 말려있었고, 유품이 일체 없으며 일련번호가 매직으로 쓰여있다 하였습니다. 그리고 1m 깊이에 군대식 대오를 갖추어 정리돼 있었다 합니다. 이러한 시체 포장 방법은 오로지 광주에서만 있었으며, 당시 시체가 부패해 역겨운 액체가 흐르는 것을 감싸기 위해 사용된 포장 방법이며, 이러한 포장 센터가 실제로 도청 안에 있었습니다. 메디컬 분야의 뉴스 매체들에 의하면 2014년에 충북에서 화장된 무연고 유골은 겨우 18구였고, 조달본부 장터마당에는 이 430구의 무연고 유골 처리를 위한 장의사업 입찰공고가 없었으며, 청주에서 사실 확인한 문서들에는 이 430구를 화장했다는 데 대해 화장터 발행의 화장증명서가 없습니다([5.18답변서] 107~112쪽).

청주유골 430구

광주 시체포장 작업장

차) 재판의 기율에 대한 것입니다. 2022.2.16. 선고 당시 재판장님이 육성으로 한동안 낭독하신 판결 내용이 판결서에 없다는 점입니다. 이 내용은 2명의 피고인, 2명의 변호인 그리고 다수의 방청인들이 경청하였습니다. 재판장의 판결 내용은 아래와 같습니다. "북한군이 왔다 하면서 어느 통로를 거쳐 어느 통로로 갔는지에 대한 설명이 없으면 북한군은 오지 않은 것이다. 피고인은 이에 대한 증거를 전혀 제시하지 않았다. 그래서 북한군 개입 주장을 믿을 수 없다"

이는 항간에 떠돌던 [북한군 개입] 주장에 반대하는 논리들 중 하나입니다. 그 어느 나라 군 수뇌가 광주 현장에서 D-데이 H-시에 사용할 600명의 특수군을 한꺼번에 줄을 세워 적국으로 행진시키겠습니까? 1979.10.26. 사태 직후부터 잠수함과 태백산 등의 통로를 통해 10명, 20명 단위로 은밀하게 여러 달에 걸쳐 보냈다는 데 대한 탈북자들의 증언들이 있습니다. 이 증언들은 전문가적 시각과 일치합니다. 그러나 그 증거를 채증하는 일은 국가도 제대로 할 수 없는 성격의 것입니다. 그것을 신뢰성 있게 채증할 능력이 있으면 어째서 한동안 [노크 귀순]에 대한 보도가 유행했겠습니까? 북한 병사가 와서 아군 벙커에 들어와 방마다 노크를 하고 다녔던 것입니다. 비록 어느 통로로 왔는지에 대한 채증은 하지 못했다해도 노크 귀순자는 분명한 현실이 아니겠습니까. 간첩 침투에 대한 오랜 경험들에 의하면 침투 수단은 잠수함과 태백산 통로입니다. 군사전문가들은 침투로와 퇴로에 대해 오로지 전문가적 추측을 할 수 있을 뿐입니다. 이에 대해 피고인은 여러 5.18관련 저서들에서 충분히 밝혔습니다.

피고인이 북한군 개입에 대한 결론을 얻은 것은 수사문서, 현장 사진에 대한 군사적 해석, 북한의 문헌들, 5.18기념재단의 결정적인 문서, 보도 등을 종합하여 얻은 결론이지 북한군의 진입 진출 통로를 근거로 하여 얻은 결론이 아닙니다. 원심 재판장님의 이 선고 내용은 음미돼야 할 대목입니다. 예를 들어보겠습니다. 강도를 당했습니다. 신고를 했습니다. 경찰이 묻습니다. "강도가 어디로 와서 어디로 나갔느냐?" 당한 사람이 말합니다. "그걸 제가 어찌 압니까? 다만 추측은 할 수 있습니다." 이에 경찰이 말합니다, "강도의 진입로와 퇴로를 모르면 너는 강도 맞은 것이 아니다." 이 얼마나 황당한 경우입니까.

이처럼 [침투로, 퇴로]는 [북한군이 광주에서 활동했다]는 점을 증명하기 위한 필요조건이 아닙니다. 피고인이 제출한 42개 정황 증거가 필요조건입니다. 하지만 재판부는 [침투로, 퇴로]가 북한군 개입을 입증하는 데 절대적으로 필요한 증거라고 판결하였습니다. 또 재판부는 42개 정황 증거를 무시하고 사실상 오로지 [침투로, 퇴로]만을 잣대로 하여 북한군이 오지 않았다고 판결한 것입니다. [침투로와 퇴로]에 대한 증거가 [북한군 개입]을 증명하는 데 [필요-충분조건]이라 정의한 것입니다. "피고인이 제388광수를 북한의 문응조라 한 것은 곧 고소인 박철을 특정한 것이 된다"는 이해할 수 없는 이 판결 논리에 이어 [침투로, 퇴로]가 [북한군 개입]을 입증하기 위한 '필요-충분조건'이라는 판결 역시 도저히 납득할 수 없는 어불성설입니다.

설사 북한군의 침투로와 퇴로가 궁금했다면 그리고 그것이 판결의 잣대였다면 경찰이 카메라를 숨겨놓고 위반자를 적발하는 식으로 재판 절차를 진행할 것이 아니라 세 분의 판사님들 중 어느 판사님이라도 공판정에서 물어보거나 추궁했어야 했다고 생각합니다.

2) 영상분석방법을 제출하지 않았다는 원심의 억지에 대하여

피고인은 영상분석 전문가가 아닙니다. 단지 위 42개의 정황 증거에 의해 5.18은 북한이 주도한 것이라는 연구결과를 냈을 뿐입니다. 북한군이 광주에 왔다면 광주 현장 주역들의 얼굴이 북한 얼굴일 것이라는 추측은 누구나 하게 됩니다. 이에 필명 노숙자담요가 등장하여 광주얼굴과 북한 얼굴이 동일인임을 증명하기 시작했습니다. 얼핏 보고 닮았다는 상식 수준의 관찰 결과를 내놓은 것이 아니라 ① 얼굴의 특징과 흉터, 점 등을 하나씩 설명하고, ② 얼굴 각 포인트들의 배열이 일치하는가를 증명하기 위해 기하학적 도면을 그렸습니다. 이는 인터넷에 떠 있는 영상분석 교과서 그대로입니다. 이에 대한 자료도 답변서로 제출했습니다. 누구든지 인터넷에 [얼굴인식]이나 [안면인식]을 검색하면 금새 이를 확인할 수 있습니다.

인권에 대한 배려가 없는 중국에서는 식당에서도 얼굴, 대중교통에서도 얼굴로 결제하고, 은행에서도 얼굴로 거래한다는 뉴스들이 많이 있습니다. 이렇게 컴퓨터가 힐 수 있는 로직이 바로 위 ①, ② 항에 근거한 것입니다. 노숙자담요는 광수얼굴 하나하나를 컴퓨터에 걸어놓습니다. 그리고 북한의 인물 얼굴 수만 점이 담긴 [사진DB]를 걸어놓습니다. 그러면 컴퓨터가 이 ①, ②항 로직에 따라 인물DB에서 동일인을 찾아냅니다. 아무리 육감으로 비슷한 얼굴을 찾아낸다 해도, 무슨 수로 북한에 숨어 있는 수만 얼굴에 접근하여 661명이나 되는 비슷한 얼굴을 찾아낼 수 있겠습니까? 이런 컴퓨터의 탐색(search) 과정을 이해하는 사람은 노숙자담요의 작품을 믿을 것이고, 얼굴분석을 관상가의 영역 정도로 낮게 생각하는 사람이거나 얼굴인식이 실생활을 바꿀 수 있는 최신 과학이라는 뉴스에 접해보지 않은 사람은 노숙자담요의 이런 영상분석을 신뢰할 수 없을 것입니다.

원심은 노숙자담요의 분석을 전혀 신뢰할 수 없다고 판단하고, 그것을 잣대로 하여 피고인에게 죄를 주었습니다. 신뢰할 수 없다고 판단한 근거를 원심은 두 가지로 들었습니다. 첫째는 노숙자담요가 분석방법을 전혀 제출하지 않았다는 것이고, 둘째는 재판부가 육안으로 7개 요소(촬영 시점, 장소, 시선, 얼굴 형상, 자세, 의복, 두발)로 판단해보니 노숙자담요의 분석을 믿을 수 없다는 것이었습니다.

한마디로 이는 재판부의 억지요 모략입니다. 노숙자담요는 우리 사회의 무시할 수 없는 일각에서 얼굴분석 전문가로 알려져 있는 사람입니다. 5.18이 북한 소행이라고 믿는 여론도 [광수] 사진들에 동의하거나 감동한 국민들이 많기 때문에 빠른 속도로 확산될 수 있었습니다. 이런 사안을 놓고 원심은 의복, 두발, 시선, 장소, 시간 등 7개 요소로 판단해보니 노숙자담요의 분석은 믿을 수 없는 것이라 하였습니다. 사실 이 7개 요소는 컴퓨터에 명령어로 사용될 수 없는 내용들입니다. 재판부가 비과학적으로 창조한 이런 잣대를 가지고, 재판부의 영상분석 능력이 노숙자담요의 그것보다 상위에 있다는 것입니다.

그러면 원심의 판결대로 노숙자담요가 영상분석 방법론을 전혀 제출하지 않았는지 살피겠습니다. 노숙자담요는 두 가지 방법으로 영상분석 방법론을 제시하였습니다.

첫째, 컴퓨터로 하여금 [인물DB]에서 현장 얼굴과 일치하는 얼굴을 뽑아낼 수 있도록 하는 검색 로직 10개-포인트를 제출하였습니다. 이 10개 분석 포인트는 컴퓨터가 찾아낸 인물에 대해 일반 상식인들에게 설명해 주는 학습과정에도 언제나 활용돼 왔습니다. 이는 [5.18답변서] 제228~229쪽에 제시돼 있고, 그 내용은 아래와 같습니다.

① 얼굴, 지문인식 기하학 분석
② 법의학적 골상 분석
③ 표면 등고선과 등고면각, 형상방향각 분석
④ 음영픽셀 농담의 차이에 따른 고저, 형상폭, 2차원 평면점과 3차원 입체각점의 길이와 부분각변의 농일점 및 차이점 분석
⑤ 얼굴의 특징점에 대한 형상조형 분석
⑥ 3D 입체면상 및 비율 분석
⑦ 생체 인상의 표정에 따른 관상학적 분석
⑧ 노화로 인한 피부세포의 물리화학적 변화와 위치이동 분석
⑨ 사진에 나타난 동적 상황의 형상과 현재의 정적 상황의 형상과의 차이가 두 사진 상의 모습과 일치되는지를 판단하는 종합적인 객관성 분석
⑩ 얼굴각부 형상과 특징점, 개성적인 면에 대한 일반적인 시각 상의 객관성 분석

이상의 10개 분석-포인트들은 노숙자담요가 실제로 동일인 여부를 판단하기 위한 2개의 얼굴(현장 얼굴 vs. 북한 얼굴)을 비교분석하여 일반

인에게 보여주는 과정에서도 한결같이 적용돼 있습니다. 이는 [5.18답변서] 118~197쪽에 전시돼 있습니다. 이들 페이지를 열면 누구나 직감적으로 이 사실을 확인할 수 있을 것입니다.

둘째, 원심 판단과는 정반대로 노숙자담요는 얼굴분석 방법론을 시범과 전시의 방법으로 넘치도록 제출했습니다. (1) 광수 한사람 한 사람에 대해 현장의 얼굴이 어째서 북한 사람의 얼굴인가를 시범 전시하였습니다. (2) 광수라고 주장하는 고소인 한 사람 한 사람에 대해 어째서 고소인 얼굴이 광수얼굴일 수 없는 것인지에 대해서도 시범 전시하였습니다. 모든 작품의 생명은 전달력에 달려 있습니다. 학습의 효과도 전달력에 달려 있습니다. 화가가 그림 그리는 방법을 타인들에 설명하려면 화폭에 그려가면서 그가 어떤 방법으로 그림을 그리는가를 보여줍니다. 노숙자담요 역시 컴퓨터가 색출해낸 북한 인물과 현장 사진 속 얼굴을 마주 놓고, 실제로 위 10개 착안 요소를 어떻게 응용하였는지를 화면(화폭)에 담아 전시했습니다.

이 세상에서 가장 뛰어난 학습방법은 '시범'입니다. 수학을 학습할 때 가장 효과적인 방법은 '예제'입니다. 대표적인 문제를 내놓고 그것을 푸는 요령을 시범적으로 학습시키는 것입니다. 노숙자담요는 각 인물을 놓고 분석의 시범을 661회나 보여주었습니다. 이 이상으로 더 훌륭하게 보여주는 분석방법이 또 있는 것인지 피고인은 알지 못합니다.

① 광주 현장의 얼굴들이 왜 북한의 얼굴들인지를 가장 설득력 있게 실습적 방법, 시범적 방법으로 전시돼 있는 증거자료가 [5.18답변서] 제118~197쪽에 전시돼 있습니다.

② 심복례 얼굴이 왜 제139 광수 얼굴이 될 수 없는지에 대한 시범적 분석방법은 [5.18답변서] 제235~237쪽에 제시돼 있습니다.

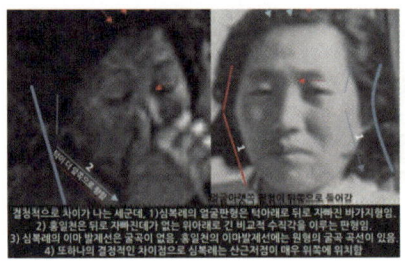 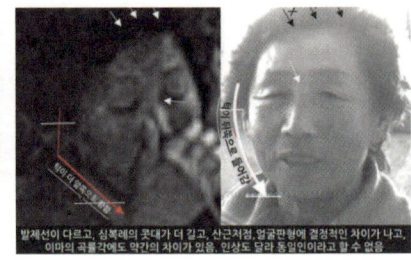

③ 박남선 얼굴이 왜 제71광수의 얼굴이 될 수 없는지는 [5.18답변서] 제240~252쪽에 전시돼 있습니다.

④ 17세의 구두닦이였다던 백종환 얼굴이 왜 제100광수가 될 수 없는지에 대한 영상분석 방법에는 수리공학까지 동원이 되었습니다. 이는 [5.18답변서] 257~268쪽에 구체적으로 전시돼 있습니다.

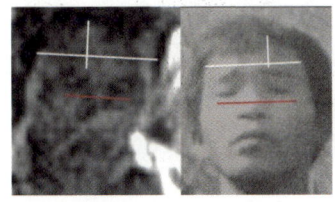
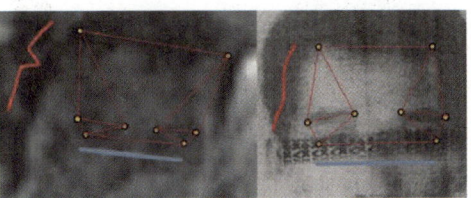

제100광수 5.18당시 백종환 　　제100광수　　백종환 운전면허증

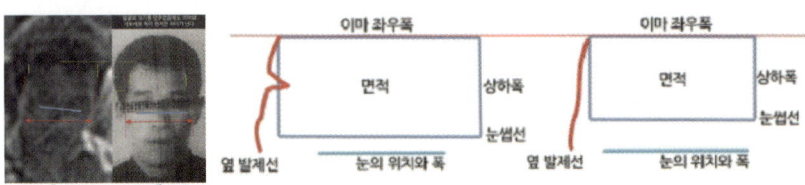

제일 위 사진의 눈을 가리지 않은 사진을 참고하여 양쪽 눈끝단을 연결한 길이로서 그 연결선의 길이를 100광수와 백종환과 동일하게 맞추면 얼굴의 폭과 크기가 작아진다는 것은, 얼굴에서 양쪽 눈이 차지하는 점유비율이 하나는 크고 하나는 작다는 사실을 증명하는 2차원적인 사진상의 물리적인 대조방법입니다.

반대로 사진상의 얼굴의 크기를 맞추면 눈의 폭과 길이가 하나는 길고 하나는 짧아진다는 것은 역시 얼굴의 점유비율이 다르다는 것을 증명하는 것으로서 그 누구도 부인할 수 없는 물리적 증명이 되는 것입니다.

> 여기서 사진상의 얼굴의 크기를 맞춘다함은, 고개를 숙이거나 뒤로 젖히거나 하면 표면적이 축소되므로 상하폭은 비교대상이 될 수 없으나, 크게 얼굴을 돌리지 않고 얼굴의 양쪽 끝단이 보이는 정도의 정면 얼굴이라면 그 정면으로 보이는 양쪽 광대선 끝단을 연결하면 2차원적으로 평면적인 얼굴의 물리적 크기를 비교할 수 있는 것입니다.
>
> 그러므로, 위 3번째 비교사진을 보면 빨간 화살표가 똑같은 길이입니다. 이와같이 길이를 똑같이 맞추었을 때 2차원 평면적으로 사진상으로 얼굴의 크기를 맞추는 것이 됩니다.

⑤ 박철의 얼굴이 왜 제388광수가 될 수 없는지에 대한 시범적 영상분석은 [5.18답변서] 제270~276쪽에 전시돼 있습니다.

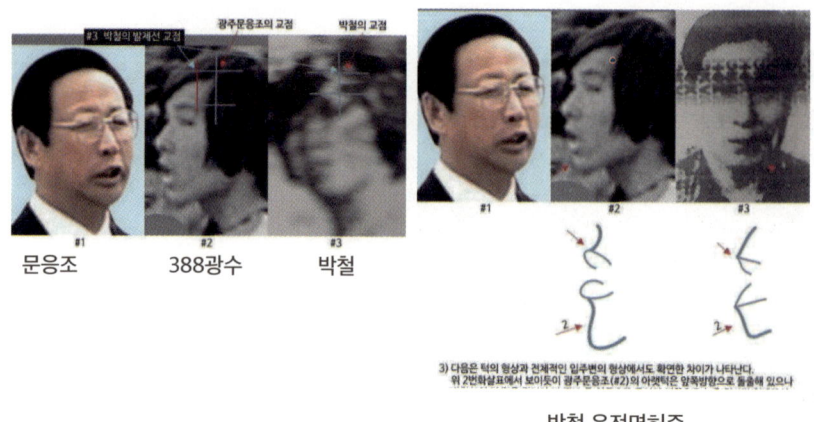

박철 운전면허증

이렇게 많은 시범적 방법으로 얼굴분석 방법을 전시했는데도, 원심은 피고인이 분석방법론을 전혀 제출하지 않았다고 판결합니다. 어쩌면 좋을지! 피고인은 그저 답답할 따름입니다.

3) 재판부가 영상분석 전문가를 자임해도 되는지에 대하여

더구나 이해할 수 없는 것은 노숙자담요의 분석을 신뢰할 수 없다는 원심 재판부의 이유입니다. 피고인은 시범적 모델들을 통해 노숙자담요가 전시한 분석방법론에 최상의 전달력이 있다고 생각합니다. 반면 원심은 재판부가 위 7개 요소, 즉 인물이 바라보는 시선, 촬영 시간, 장소, 두발, 의상 등을 종합하여 판단한 것이 더 높은 신뢰성을 갖는다고 판결하였습니다. 하지만 이 7개 요소는 컴퓨터에 명령어로 사용할 수 없는 요소들입니다. 재판부에 영상분석을 육안으로 할 수 있는 합법적 라이

선스가 있는 것인지, 재판부가 위 7개 잣대로 노숙자담요의 분석방법을 0점으로 채점해도 되는 것인지 법률 판단을 해주시기 바랍니다.

4) 재판부의 자의적 판결에 대하여

가) 피고인은 661명의 광수얼굴이 북한 얼굴이라는 것을 확신하였기 때문에 안보 목적으로 이들에 대한 노숙자담요의 분석결과를 발견되는 대로 홈페이지 '시스템클럽'에 게시했습니다. '5.18기념재단'은 이 661명 중 15명의 고소인에게 일일이 연락하여 이들의 이름으로 소송을 하였습니다. 이들 15명이 광수 얼굴을 자기 얼굴이라 주장하는 것입니다. 얼굴의 각 부위별 특징 등에 대한 논리가 전혀 없이 그냥 "육안으로만 보아도 내가 제 몇 번 광수인지 다 알 것이다, 내가 내 얼굴 모르겠느냐" 이렇게 주장하였습니다. 나이나 생김새부터가 전혀 다른 사진, 흔들려서 얼굴 자체가 형성되지 않은 사진 등을 내놓고, 이렇게 주장했는데도 원심은 무조건 고소인들 주장이 모두 진실이라고 판결하였습니다. 반면 노숙자담요가 영상과학적 매너로 '피해자는 절대로 광수얼굴이 아니다'라고 분석한 전시물에는 모두 0점을 매겼습니다.

(1) 고소장에는 89세의 김진순이 1980.5.23. 도청에서 아들 이용충의 관을 잡고 우는 여인이 자기라고 주장돼 있습니다. 이에 피고인은 김진순 등 유족이 이용충이 사망한 사실을 1980.6.30. 경찰서에 가서, 거기

에 진열돼있는 이용충의 유품을 확인함으로써 확인했다는 내용이 담긴 2개의 증거(증66,67)를 제출했습니다(5.18답변서 230쪽). 알리바이가 형성되지 않는다는 것을 증명한 것입니다. 그런데도 원심은 이 증거를 배척하는 반론을 펴지 않은 채, 무조건 김진순의 주장을 신뢰한다 판결했습니다.

<2016.5.17.한겨레신문>
용 페퍼포그 차를 끌고 나왔다. 이용충씨는 5월22일께 광주교도서 앞길에서 공수부대의 총격으로 '안부맹관창 '(3곳)으로 사망해 암매장됐다가 광주시 북구 망월동 옛 묘지에 묻혔다. 김씨는 그해 6월30일에야 경찰한테서 장남의 사망 소식을 통보받았다. 체크무뉘 점퍼와 오후1시23분에 정지된 손목시계가 아들이라는 증거였다.

(2) 80대 해남 노파 심복례의 이름으로 제출된 고소장에는 1980.5.23. 도청에서 남편 김인태의 관을 잡고 울고 있는 주인공이 심복례라고 기재돼 있습니다. 이에 피고인은 이 주장을 배척하는 증거자료 2개를 제출했습니다. 해남에 사는 심복례가 남편이 사망한 소식을 전해들은 날이 1980.5.29. 일이고, 전남도청에서 차를 타고 망월동에 가서 가매장되어 있던 남편의 관을 열어본 날이 1980.5.30. 이었다는 사실을 증명하는 2개의 증거(증70, 증거기록413쪽)를 제출한 것입니다(5.18답변서 232쪽). 알리바이가 형성되지 않는다는 것을 증명하는 이 명백한 증거를 제시했는데도 원심은 판결서에 이 증거를 배척하는 반론을 전개함이 없이 무조건 심복례의 주장을 신뢰한다 판결했습니다.

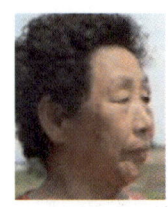
고 광주로 향했다. 집을 나선 김인태 씨는 열흘이 넘게 소식이 없었다. 심복례 씨는 별일 없을 거라는 믿음으로 남편을 기다렸다. 5월 말께, 심복례 씨는 장을 보기 위해 시내에 나갔다가 우연히 만난 면사무소 직원에게 김인태 씨의 사망통지서가 면사무소에 도착해 있다는 소식을 듣게 됐다.

(3) 박남선의 이름으로 제출된 고소장에는 제71광수가 박남선이라고 주장돼 있습니다. 노숙자담요는 제71광수를 황장엽이라고 판독하였습니다. 박남선은 제71광수의 얼굴이 자기 얼굴이어야 하는데 피고인이 요술을 부려 황장엽과 비슷한 얼굴을 창작해가지고 자기 몸에 합성시켜놓았다고 주장했습니다. 71광수의 얼굴이 자기 얼굴이 아니라는 것을 이보다 더 어떻게 확실하게 자인할 수 있는 것입니까. 이에 피고인은 현장 사진이 합성된 사진이 아니라는 증거를 제시하기 위해, 조선일보 사진DB에서 원문을 인쇄해 제출함과 동시에 그 원사진이 위치한 페이지를 구글로부터 찾아들어가는 경로까지 제출했습니다. 그랬는데도 원심은 피고인이 제출한 증거에 대해서는 아무런 배척 근거를 밝히지 않은 채, 박남선의 주장에 모순이 없다고 판결했습니다.

1980 박남선(24세) / 1980 제71광수(57세) / 1998 황장엽(75) / 2021 박남선(65)

(4) 5.18당시 18세로 고2를 중퇴했다는 고소인 박철은 흔들리는 사진, 식별 자체가 안 되는 아래 3장의 사진을 내놓고 '누구든지 육안으로만

보아도 제출하는 사진의 얼굴이 제388광수로 지정된 얼굴과 같은 얼굴임을 알 수 있다'고 주장하였습니다.

1심 제4회 '공판준비 기일조서'(2018.8.16.)에는 당시의 이경진 재판장님께서 "박철이 제출한 사진은 식별이 어려우니 식별 가능한 사진을 제출하라"고 명하셨습니다. 하지만 이후 박철은 이 명령을 무시했습니다. 그런데도 원심은 박철의 주장이 다 옳다고 판결했습니다.

위 4가지 경우만 살피더라도 원심 판결이 얼마나 자의적인 독재재판이었는가를 가늠할 수 있을 것입니다. 이런 억지 판결이 어떻게 이 대명천지의 민주주의 국가에서 있을 수 있는 것인지 헤아려 주시기 바랍니다.

나) 피고인은 광수를 주장하는 15명에 대해서는 존재 자체를 모릅니다. 이 세상에 존재 자체를 알지 못하는 원거리 사람에게 명예훼손의 범의를 가질 사람이 어디 있겠습니까? 1심 제4회 '공판준비 기일조서'(2018.8.16.)에는 당시의 이경진 재판장님께서 검사에 촉구하신 내용이 있습니다. "피고인은 '이 사건 오래 전 사진 속의 인물들이 공소장에 피해자로 적시된 사람들이 아니라 북한군이고, 법정에 증인으로 나온 공소장에 피해자로 적시된 사람들은 사진 속 인물인 북한군과 전혀

다른 사람이다'라고 주장하고 있는데, 그와 같은 주장 자체를 공소장에 피해자로 적시된 현재 한국에서 살고 있는 사람들에 대한 허위사실의 적시로 판단한 논리적 근거를 설명할 것을 촉구" 라는 문구였습니다. 하지만 이후 검사는 이에 대해 아무런 이행이 없었습니다. 이 부분에 대해 원심은 판결서 23~24쪽을 통해 검사에게는 입증 의무가 없다 하면서 피고인이 생면부지의 고소인들에게 범의를 품었다 판결했습니다. 재판부가 논리를 파괴하고 있는 현상이 아닐 수 없습니다.

다) 도저히 이해할 수 없는 판결이 있습니다. 예를 들면 노숙자담요는 사진 속 제388얼굴이 북한의 고위급 인물 문응조라 판독하였는데, 원심은 노숙자담요가 문응조를 특정한 것은 바로 박철을 특정한 것으로 봐야 한다고 판결하였습니다. 이런 논리를 이해할 사람이 과연 세계에 존재할지 의심이 갑니다.

5) 소 결

가) 이 병합사건들 모두는 5.18을 북한군이 주도했느냐의 여부에 따라 승패가 갈라집니다.

나) 피고인은 5.18을 북한군이 주도했다고 믿을만한 42개 정황 증거를 제출했습니다. 이 모두를 과학적으로 배척하지 않는 한, [북한군 개입]

표현은 학문적 평가로 인정돼야 합니다. 하지만 원심은 42개 정황 증거를 배척하는 반론의 전개 없이 ① 1997년 대법원 판결, ② 5.18관련 법률이 규정한 5.18정신, ③ 확정된 역사적 평가, ④ 피고인이 광주법원에서 받은 민사재판 결과 등에 반한다는 이유로 [북한군 개입] 표현을 허위로 단정하였습니다. 그리고 위 ④ 항의 광주법원 판결 역시 피고인이 제출한 정황 증거 모두를 이 사건 원심에서처럼 반론 과정 없이 오로지 ①②③을 전제로 한 판결이었습니다.

다) 원심의 판결대로 [북한군 개입] 표현이 허위사실이라면 현재 국방부는 이째서 [북한군 개입]여부를 조사하기 위해 막대한 국고를 사용하고 있는지에 대해 설명이 있어야 할 것입니다. 더구나 [북한군 개입] 여부는 업무상 국방부 관할 사항입니다. 이 부분 원심의 판결은 위법하기도 하고 월권행위이기도 한 것입니다.

라) 따라서 이 사건 [북한군 개입이 전혀 없었다]는 전제를 깔고 그것을 바탕으로 한 모든 판결은 부당한 판결이 되는 것입니다.

마) 노숙자담요가 영상분석 방법을 제시하지 않았다는 원심 판결은 사실을 정반대로 왜곡한 처사입니다. 노숙자담요가 [5.18답변서] 118~197쪽에 전시한 영상분석 사례는 영상분석의 위력을 보인 교과서적 시범에 해당할 것입니다. 이 80개 쪽에 전시된 시범 사례를 놓고, 원

심은 원심 법관들이 촬영 시점, 장소, 시선, 의복, 두발 등을 고루 참작해 육안으로 판단해보니 신뢰성이 전혀 없다며 0점을 주었습니다. 설사 재판부에 영상분석 전문기능이 보유돼있다 해도, 얼굴인식이라는 한 전문분야에서 전문가A의 작품이 재판부의 판단과 다르다는 이유로 전문가A를 단죄할 수 있는 것인지 살펴주시기 바랍니다.

바) 드라마에서나 있음직한 자의적 판결이 있습니다. 김진순과 심복례는 알리바이 자체가 형성되지 않았습니다. 박철은 인식 자체가 어려운 흔들리고 갈라진 사진을 내놓고 "누구든지 이 사진만 보면 내가 제388 광수임을 알 수 있다" 주장하였습니다. 이경진 재판장께서 식별 가능한 사진을 제출하라 했는데도 무시했습니다. 박남선은 피고인이 신문사 사진DB에 엄연히 들어 있는 사진을 보여주었는데도 피고인이 신문사 사진을 조작했다고 주장했습니다. 피고인은 이들 주장이 사기성을 띤 허위주장이라는 데 대해 증거자료를 제출했지만 원심은 이에 대한 반론 과정 없이, 이 모든 그로테스크한 주장들에 대해 전적으로 신뢰한다고 판결하였습니다.

사) 결론적으로 광수를 자기라고 주장한 15명의 고소인들은 법률적으로 피해자 자격이 없는 사람들입니다.

7 장진성 부분에 대하여

가. 공소의 요지

피고인은 장진성을 제382광수라고 지정했지만 장진성은 382광수도 아니고 위장 탈북자도 아니다.

나. 원심 판결의 요지

1) 장진성의 신문 진술은 자세하고 구체적이고 모순이 없다. 피고인들은 허위의 사실을 적시했다.

2) 국과수도 분석할 수 없는 영상을 노숙자담요가 분석했다는 것인데, 그런 분석 결과는 그 자체로 믿기 어렵다.

다. 사건의 경위

1) 노숙자담요가 382광수로 지목한 인물은 탈북자 장진성입니다. 382

광수로 지목되자 장진성이 소를 제기했습니다. 광주에 오려면 특수군이나 소년병 자격은 돼야 할 텐데 자기는 당시 나이가 9살이라, 그럴 수가 없었다고 주장합니다.

1980.5.23. 도청 앞 분수대 앞에 진열해 놓은 관을 배경으로 수백의 군중이 질서를 갖춰 단체사진을 찍었습니다. 어린이들도 노인들도 섞여 있습니다. 하지만 이 날은 5월 23일, 광주시민들은 시내에 나가면 죽는다며 문을 잠그고 자식들을 나가지 못하게 단속하고 있었습니다. 설사 광주시민들이 도심에 나왔다 해도 통제하는 사람이 없어 이처럼 정연하게 질서를 갖출 수는 없었을 것입니다. 붉은 점으로 표식된 사람들은 노숙자담요가 광수로 지목한 사람들입니다. 좌측에 두 손을 허리에 얹고 있는 사람이 그 유명한 간첩 손성모입니다. 이 사진의 맨 앞줄에 382 광수가 어린 얼굴로 서있습니다. 이 사진의 전모는 [5.18답변서] 제64쪽에 실려 있습니다.

노숙자담요는 100명 정도로 보이는 남녀노소의 사람들이 질서 있게 정돈돼 있는 또 다른 단체사진 하나를 제시했습니다. '우리나라 언론에서 인기를 누리는 탈북자' 50명 정도가 이 한 장의 사진에 들어있다고 분석

했습니다. 이 사진은 [5.18답변서] 제63쪽에 있습니다. 이 사진에서 광수는 주황색 점으로 표시돼 있습니다.

2) 노숙자담요나 피고인은 이들을 '소년병'이라 하지도 않았고, 무장을 사용하는 '특수군'이라고도 하지 않았습니다. 그냥 광주 현장에서 그 얼굴들이 보인다고만 했습니다. 게릴라전에는 남녀노소가 부대 편성의 필수 요소입니다. 이들 남녀노소는 '한국정부는 국민을 함부로 살상하는 악의 존재'라는 것을 전 세계에 알리려는 심리전용 사진에 동원된 엑스트라였습니다. 이렇게 많은 남녀노소 집단이 북에서 오려면 여객선이 와야 합니다. 피고인은 이들 여객선이 전남 해안으로 올 수 있었을 것이라는 단서를 당시 합참의장 유병현 회고록에서 발견했습니다. 전남해안 경비병력을 전북 변산반도 이북으로 배치시켰다는 내용입니다. 6.25때에도 이런 불가사의한 지휘 사례가 많이 있었습니다([5.18답변서] 206~207쪽).

3) 피고인 지만원은 2015.10.29. 당시까지 발견된 탈북자 20명 정도에 대한 영상분석 자료를 첨부하여 국정원에 간첩 의심자로 신고하고 신

고필증을 받았습니다(증216). 그러나 국정원은 현재까지 회신을 주지 않았습니다.

4) 피고인들은 장진성이라는 존재는 물론 광수로 지목된 모든 탈북자들의 존재 자체를 모르고 있었습니다. 모르는 사람에 대해 명예훼손이라는 해코지를 할 동기와 의도를 가질 수 있는 사람은 지구 상에 없을 것입니다.

5) 장진선의 탈북스토리는 언론(증112,113)과 그가 탈북자동지회에 연재 기고한 '나의 탈북스토리'(증114) 그리고 단행본 [시를 품고 강을 넘다](증115)에 자필로 소개돼 있습니다. 피고인은 이 자료들을 130여 시간에 걸쳐 연구했고, 이를 가지고 신문사항을 작성했습니다.

6) 장진성에 대한 증인신문은 2017.11.30.에 있었으며 장장 3시간에 걸친 신문과정에서 생산된 녹취록 분량은 51쪽에 달합니다. 원심은 이 51쪽에 기재된 내용이 모순 없는 진실이라고 판결하였습니다.

7) 피고인 지만원은 2018.3.7. 1심에서 장진성에 대한 별도의 답변서 34쪽을 제출했고, 2심에서는 이를 요약하여 [5.18답변서] 제323~358쪽에 다시 정리해 제출했습니다.

라. 신문과정에서 밝혀진 사실

1) 장진성은 탈북 이후 수재들만 간다는 김일성종합대학을 졸업했다고 자신을 소개하면서 명성을 얻었습니다. 하지만 그는 신문과정에서 그 학교를 실제로는 다니지 않았다고 고백했습니다. 통전부에 근무한 지 3년 만에 통전부가 학위증을 구해주었다고 말했습니다. 북한 내각에서 가장 힘이 센 통전부가 개인을 위해 이런 편법을 썼다는 이야기였습니다. 그런데 원심은 장진성 진술에 모순이 없다 판결하였습니다.

2) 장진성은 북한에서 가장 막강한 부서로 알려진 대남공작 통일전선부 예하 101연락소에서 근무하면시 민중시인 김경민이라는 가명으로 시를 써서 남한 운동권에 보내는 역할을 했다고 자랑해왔지만, 증인신문 결과 그는 101연락소에서 근무하지 않았습니다. 피고인이 [5.18답변서]에서 이 부분을 부각시켰는데도 원심은 장진성의 주장에 모순이 없다 판결하였습니다.

3) 이 사건에서 가장 중요한 것은 '탈북스토리'입니다. 그가 쓴 2개의 탈북스토리는 서로 상이하고 스토리의 앞과 뒤가 다르며 현실에 현저한 수준으로 어긋납니다. 탈북과정이 위장인 것입니다. 장진성은 국민에 밝힐 수 없는 방법으로 한국에 왔을 것이라고 생각합니다.

마. 피고인들의 반론

1) 일면식도 없었던 장진성에 대해 비방할 동기와 의도를 가졌다는 판결이 과연 법률에 일치하는 것인지 살펴주시기 바랍니다.

2) 피고인은 [5.18답변서] 제323~327쪽, 5개 쪽에 걸쳐 제323광수가 장진성인가에 대해 과학적으로 [열굴 분석]을 하였습니다. 하지만 장진성은 증인신문과정에서나 그 이전의 단계에서 '어째서 323광수가 자기 얼굴이 아닌가'에 대해 해명하지 않았고, 증인신문과정에서도 해명하기를 거부하였습니다. 그런데도 원심은 장진성의 모든 주장과 진술이 진실로 보인다고 판결하였습니다.

3) 장진성의 증인신문 녹취서 51개 쪽에는 모순이 매우 많습니다. 피고인은 그 모순점들을 [5.18답변서] 제323~358쪽, 무려 36쪽에 걸쳐 밝혔습니다. 신문과정에서 장진성의 탈북과정, 학력, 이력 모두가 허위사실로 밝혀졌는데도 원심은 피고인의 분석된 주장에 대한 반론 전개 과정 없이 장진성의 진술에는 모순 없이 다 신뢰성이 있다고 판결하였습니다. 이는 지극히 자의적이라고 생각합니다.

4) 탈북자들에는 간첩도 많고 위장도 많습니다. 그래서 피고인은 오로지 안보 목적을 위해 탈북 광수들에 대해 국정원에 간첩 의심자들로 신고하였습니다. 신고했는데도 답이 없어서, 국정원의 정체에 대해 의심

이 갔습니다. 그래서 국민에 직접 호소한 것이 공익목적이 아니라 개인의 이익을 추구하기 위해 한 행동이라고 판결할 수 있는 것인지에 대해 법률 판단을 해주시기 바랍니다.

5) 피고인은 국과수의 감정서에 전문성이 전혀 없다는 이유를 여러 답변서를 통해 밝혔습니다. 국과수 감정서에는 영상분석 분야에서 사용하는 '전문 언어'(professional terminology)가 일체 사용되지 않았습니다. 노숙자담요처럼 얼굴의 각 특징에 대한 관찰도 없었습니다. 얼굴 각 부위 간의 거리와 각도를 비교할 수 있는 기하학적 도면도 그리지 않았습니다. 오로지 ① 사진이 오래 됐다. ② 얼굴의 어느 부위들을 보면 닮은 것 같고, 어느 부위들을 보면 닮지 않은 것 같다는 평가를 냈을 뿐입니다. 국과수에 전문성이 전혀 없는 것입니다.

반면 노숙자담요의 분석에는 전문 용어와 과학적 매너가 존재합니다. 공정한 재판부라면, 국과수 감정서와 노숙자담요가 전시해놓은 시범적 분석 결과를 대조하고, 어느 쪽에 더 과학적 향이 배어있는가 정도는 판단해야 할 것입니다. 하지만 원심은 [국립과학수사연구소]라는 기관이 세계의 그 어느 전문가보다 더 높은 권위를 갖기 때문에 다른 전문가들의 분석은 무조건 신뢰의 대상이 되지 못한다고 판결한 것입니다. 국과수가 최고라는 재판부의 신뢰는 비과학적이고 자의적입니다. 재판부가 신뢰하는 대상과 피고인이 신뢰하는 대상이 서로 다르다는 이유만으로 피고인을 허위사실 적시자로 판결하는 것은 논리에 대한 폭격일 것입니다.

가) 2016.7.11. 국과수가 보내온 감정 결과는 아래와 같습니다.

<#1인물과 #2인물에서 공통적으로 관찰되는 점>

❶ #1인물과 #2인물에서 '개략적인 얼굴형'이 유사하게 관찰됨.
❷ #1인물과 #2인물에서 '턱이 발달된 형태'가 공통적으로 관찰됨.

<#1인물과 #2인물에서 상이하게 나타난 점>

❶ #2인물은 '좌우 눈썹의 가장자리부분(얼굴 바깥쪽)'이 아래로 처진 것이 관찰되나 #1인물은 그렇지 않은 것으로 관찰됨.
❷ #2인물은 #1인물에 비해 '코끝 부분'이 아래로 처진 것으로 관찰됨.
❸ #1인물은 #2인물에 비해 '아랫입술'이 두툼한 것으로 관찰됨.

서울거리를 다니는 일반시민들도 이런 정도는 말할 것입니다.

나) 반면 노숙자담요가 5.18답변서 제323~327쪽에 전시한 분석 과정에

는 특징점들에 대한 비교분석과 기하학적 도면이 제시돼 있습니다. 도면이 일치하면 두 얼굴은 한 사람임을 의미합니다. 특징점 분석과 기하학적 도면을 그리는 것은 얼굴분석의 필수과정입니다. 그런데 국과수는 이런 것을 하지 않고 여느 상식인들의 반응과 다름없이 비전문가적인 반응을 보였습니다.

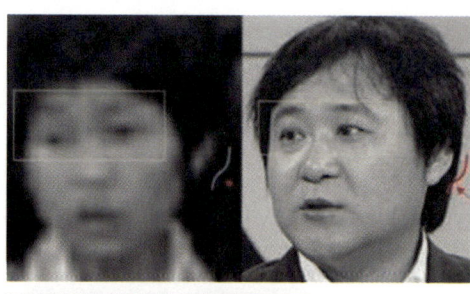

1. 안와의 폭과면적, 안와 하벽쪽으로 들어간 등고면각과 곡률, 좌우 안구의 위치와 면적, 비율이 모두 동일함.

2. 귓바퀴의 귓볼로 이어지는 외륜선이 일치함.

 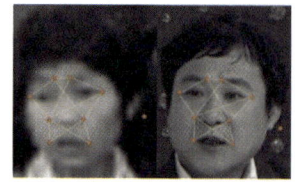

5. 방향이 다른 각도에서 찍힌 사진에서도 역시 장진성의 특징적인 모습인 오른쪽 윗입술 살짝 위로 올라간 형상과 아래위 입술의 면각과 등고선형상이 정확하게 일치함.

다) 같은 국과수 감정서 내용입니다.

❶ 인물에 대한 해상도 및 계조(gradation)가 낮아 인물의 특징점 판독에 제약이 심함.

❷ #1인물과 #2인물은 촬영 각도가 다소 상이하여 얼굴의 형태적 특징 비교에 한계가 있음.

❸ #1인물과 #2인물은 촬영시기가 약 30년 이상 차이가 있어 얼굴 변형의 가능성으로 인해 얼굴의 특징점 비교에 적합하지 않음.

위 국과수의 진술은 어린아이 사진을 가지고 40년 지난 어른을 찾아냈다는 등의 신문기사와 어긋납니다. 지금은 어린이 얼굴을 가지고 80세 된 어른의 모습을 예측해 내는 어플이 등장해 있습니다. 미국과 중국에서는 수십 년 전 범인을 CCTV로 찾아냅니다. 이는 모든 지구인들이 인터넷에서 쉽게 확인할 수 있는 정보입니다. 국과수의 감정서는 사진의 중요성조차 알지 못하는 사람이 발행한 것으로 보입니다. 사진은 아무리 흐려도 몽타주에 비해 엄청난 정보를 가집니다. 몽타주는 범인을 보았다는 사람이 묘사해주는 얼굴의 특징을 가지고 그린 상상도입니다. 사진을 믿지 못하면 몽타주를 어떻게 믿고 범인을 찾겠습니까. 영상을 부정하면 각종 증명서와 이력서에 어째서 사진을 부착하겠습니까. 인권을 무시하는 중국에서는 버스도, 전철도, 음식값도 얼굴로 냅니다. 은행 출금도 얼굴로 합니다. 단지 우리 사회에 얼굴인식 기술이 폭넓게 인식되지 못했기 때문에 생소하다고 느낄 뿐입니다.

바. 소 결

1) 장진성은 2004년 탈북하여 북한 최고의 학력과 북한최고기관 근무 경력을 내세워 유명인이 되었습니다. 피고인은 증인신문 과정을 통해 학력과 경력이 거짓이고, 심지어는 본명도 거짓이었다는 사실을 밝혀냈습니다. 그는 평양에서 친구를 데리고 두만강변 무산역으로 갔다고 하지만 그가 평양에서 기차를 탔다는 것은 절대 허위였습니다. 피고인

은 이 분석 내용을 답변서를 통해 제시하였습니다. 하지만 원심은 피고인 주장에 대한 반론 과정 없이 장진성의 주장과 진술이 모두 진실이라고 판결하였습니다.

2) 장진성은 2009.11. '탈북자동지회' 홈페이지에 '나의 탈북스토리'를 게재했고, 2011.2. 조갑제닷컴을 통해 [시를 품고 강을 넘다]라는 제목의 책에 탈북스토리를 실었습니다. 피고인은 이 두 개를 분석하여 2009년 내용과 2011의 내용들 중 주요 내용이 현저하게 서로 다르다는 점을 찾아 답변서에 제출했고, 이 내용들이 그간의 인터뷰 내용들과 현저히 다르다는 점들을 적시하여 답변하였습니다. 아울러 그의 탈북스토리는 그 자체로 앞뒤가 다르고 현실세계에서는 불가능한 이야기들이 있기에 이를 적시하여 답변하였습니다. 피고인은 이 내용들을 피고인 운영의 홈페이지 '시스템클럽'에 게시했습니다. 이 내용들은 수많은 독자들에 읽혔습니다. 그런데 원심은 이런 피고인의 주장에 대해 일체의 반론 과정 없이, 장진성의 주장이 다 옳다고 판결하였습니다.

3) 얼굴분석에 대해 노숙자담요는 5개 쪽에 걸쳐 얼굴의 특징을 분석하고 각 부위 간의 거리와 각도가 양개 얼굴에 일치하는지를 보기 위해 기하학적 도면을 그렸습니다. 피고인 측은 증인석에 있는 장진성에게 각 부위별 특징에 대해 질문을 하였습니다. 이에 장진성은 피고인을 향해 손가락질을 하면서 정신병자라 고성을 지르는 것으로 답을 대신하였습

니다. 그런데도 원심은 장진성의 모든 말이 진실이라고 판결하였습니다.

4) 피고인은 국과수의 얼굴 감정서에 대해 답변하였습니다. 국과수에는 영상에 대한 전문성이 없는 반면, 노숙자담요의 분석에는 그것이 있다며, 그 증거로 노숙자담요의 영상분석 실물을 제출하였습니다(5.18 답변서 323~327). 그런데도 원심은 피고인의 주장과 증거를 논리적으로 탄핵하는 절차를 일체 생략한 채, 국과수가 할 수 없는 것은 그 누구도 할 수 없다고 전제하고, 이를 잣대로 하여 피고인을 범죄자로 규정하였습니다. 이 판결이 법률적으로 허용되는 판결인지에 대해 살펴주시기 바랍니다.

8 김사복에 대하여

가. 문제의 글

"'택시운전사' 거짓엔 감동이 없다" 제하의 인터넷 게시글, 영화의 주인공은 5.18 영웅이 아니라 겨우 택시운전사.

영화는 힌츠페터와 순진한 택시운전사를 두 주인공으로 내세웠다. 그리고 관객의 분노를 자아낼 소재로는 통역 학생 '구재식'의 주검이었다. 택시운전사 김사복은 빨갱이로 알려져 있다. 더러는 그를 간첩이라고 한다. 그 김사복은 영원히 잠적해 있다. 나오면 영웅이 될 텐데 찾고 또 찾아도 영원히 숨었다. 무서운 사연이 있을 것이다. 그래서인지 이 영화는 간첩(?) 김사복을 순수한 시민으로 세탁했다. . .

나. 공소의 요지

김사복은 민주화운동에 동참한 시민일 뿐, 간첩도 아니고 빨갱이도 아니다. 김사복은 1984년에 사망할 때까지 잠적한 적이 없기 때문에 영원히 숨어있지도 않았다. 피고인은 허위사실을 적시했다.

다. 원심 판결의 요지

1) "김사복은 빨갱이로 알려져 있다. 더러는 그를 간첩이라고 한다"는 표현은 직접 김사복을 겨냥하여 빨갱이, 간첩으로 표현한 것으로 보아야 한다. 이 표현은 악의적인 명예훼손 표현이다.

2) 노숙자담요는 힌츠페터를 601광수라 했고, 2015. 10. 10. 북한 노동당 창건 70주년 기념행사에 참석했다고 하였지만 노숙자담요의 영상분석은 이미 신뢰할 수 없는 것으로 판명되었고, 북한의 행사 사진 속 얼굴은 76세로 보이지 않기 때문에 피고인의 주장은 허위다.

3) "김사복은 영원히 잠적해 있다"는 표현은 간첩 신분을 속이기 위해 숨었다는 표현이므로 이는 악의적인 허위사실의 적시다.

4) 힌츠페터를 비방한 것은 곧 김사복을 비방한 것이다.

라. 기초 사실

1) 영화 [택시운전사]가 개봉된 날은 2017. 8. 2. 이다(증171).

2) 피고인이 범죄사실의 내용을 게시한 날짜는 개봉 12일 만인 2017.8.14.이다.

3) 김사복에 대한 사회적 궁금증은 개봉에 대한 예고가 쏟아져 나오면서부터 시작되었지만 피고인이 문제의 글을 올린 8월 14일까지 알려진 것이 전혀 없었다. 이름만 알려져 있을 뿐, 생사도, 얼굴도 알려지지 않았다.

4) 언론계에 김사복에 대한 취재경쟁이 촉발됐고, 2017.8.25. 오마이뉴스기 기장 먼저 첫 기사를 냈다(증172, 8쪽). 기사에서 김승필이 김사복의 아들이라는 사실은 확인할 수 있었지만 동명이인이 수두룩한 마당에 김승필의 아버지가 [택시운전사 김사복]인지에 대해서는 부정적이었다. 김사복의 생사에 대해서도 알려진 것이 없었다. 여기까지가 영화가 개봉된 지 24일 만인 2017.8.25.에 오마이뉴스가 찾아낸 소식의 전부였다.

5) 1974.8.17. 동아일보는 김사복이 김대중이 일본에서 결성한 반국가단체 한민통이 보낸 자객 문세광을 조선호텔로부터 저격 장소인 장충동 국립극장에까지 태워주었다는 기사를 냈다([5.18답변서] 292~293). 이때부터 사회 일각에서는 김사복은 빨갱이, 간첩으로 회자돼 왔다.

<택시운전사>의 실제 주인공 김사복씨는 누구인가?
"김사복씨는 자기가 문세광을 태워다 줬다고 말했다"

6) 김사복의 정체가 드러나기 시작한 시점은 영화가 개봉된 지 15개월 이상 지난 2018.5.10.이었다. 광주가 기획한 '5·18 영상 특별전'에서 증174의 사진들이 전시되었다([5.18답변서] 291쪽). 증174의 아래쪽 사진은 촬영일자가 1975.10. 3.이며 장소는 포천 약사봉. 1975.10.3.은 장준하가 1975.8.17. 추락사한 지 49일째 되는 날(49제)이고, 약사봉은 장준하가 추락한 산이다. 이 사진으로 인해 김승필의 아버지가 영화 [택시운전사]의 주인공이었다는 사실과 김사복이 1984년에 간암으로 사망하였다는 사실이 비로소 알려지게 됐다. 2018.5.10.은 김사복의 얼굴이 처음으로 세상에 드러난 날이었고, 아울러 그가 망자의 신분이라는 사실도 드러난 날이었다.

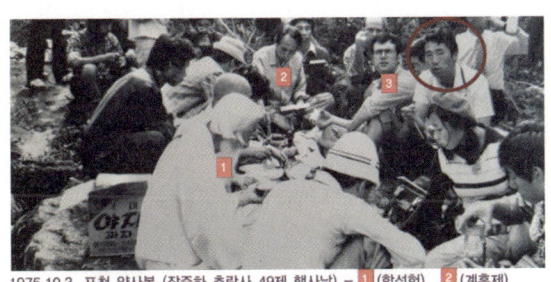

1975.10.3. 포천 약사봉 (장준하 추락사 49제 행사날) – 1 (함석헌), 2 (계훈제), 3 (힌츠페터), 붉은 원 안 (김사복)

7) 5.18 사건 5년 전인 1975년에 이미 힌츠페터와 김사복은 친북 반국가단체 한민통의 수뇌부 인물 함석헌과 계훈제 등과 연대해 있었다는 것이 사진으로 확인됐다. 한민통이 친북 반국가단체라는 것은 대법원이 확인한 것이다.

좌로부터 함석헌, 김사복, 장준하

8) 북한의 조선기록영화촬영소가 광주 현장을 촬영한 42분 분량의 영상물(증137)이 있다. [김일성훈장을 수여받은 조선기록영화촬영소]가 1980년 제작한 기록영화의 압축본이다(5.18영상고발 94쪽). 이 기록영화는 1980년 5월 18일 이전부터 5월 24일까지의 광주 현장을 촬영한 것이다. 시위 전 기간에 걸쳐 광주의 수많은 곳에서 동시다발적으로 전개되는 상황들을 힌츠페터 혼자 촬영할 수는 없었다. 증137의 기록영화 내용을 힌츠페터 혼자 촬영했다고 보는 것은 보편타당한 관측이 아닐 것이다. 특히 아래의 유명한 사진들은 상황 전개 일지 상, 5월 18일에만 촬영할 수 있었던 사진이었다.

5월 18일 오후, 사진기자가 옥상 등에서 미리 대기하고 있다가 아래를 보고 촬영

9) 힌츠페터는 1980.5.20. 오후에 광주에 갔다가 주로 5월 18일에 촬영된 곤봉 진압 사진들을 가지고 일본으로 가 소속사인 독일 NDR사에 송고한 후 5.23에 다시 광주에 왔다. 5.20에는 김사복이 택시로 데려다 주었지만, 5.23에는 김사복이 동행하지 않았다. 북한이 기록영화를 만들면서 순전히 힌츠페터 한 사람에만 의존할 수는 없었을 것이다. 결론적으로 힌츠페터는 사진을 촬영하려고 광주에 간 것이 아니라 북한 기록영화 촬영자들이 촬영해 놓은 사진을 가지러 광주에 간 것으로밖에 해석되지 않는다. 결국 힌츠페터는 김대중이 일본에 설립한 친북 반국가단체의 수뇌들과 1975년부터 유대관계를 형성했고, 북한기록영화촬영소 촬영 내용 중 일부를 국제사회에 내보내는 역할을 한 것으로 해석된다. 이로서 힌츠페터는 북한에 획기적인 공헌을 한 VIP가 되는 셈이다.

마. 상고심에 바라는 사항

1) 1974년 8월 17일, 동아일보 보도는 센세이셔널했습니다. 박정희 대

통령을 저격하려 했던 한민통 소속의 문세광을 저격 현장에까지 수송하는데 김사복이 핵심 역할을 했다는 뉴스였습니다. 그 다음 해인 1975년 김사복은 바로 그 한민통 수뇌부 인물들과 어울렸습니다. 이런 사실을 근거로 하여 "김사복은 빨갱이로 알려져 있다. 더러는 그를 간첩이라고 한다"는 표현을 한 것이 터무니없는 비방의 글인지에 대해 법률적 판단을 내려 주시기 바랍니다.

2) 김사복이 1984년에 사망했다는 사실이 알려진 날은 2018.5.10. 입니다. 피고인이 문제의 글을 게시한 날은 그보다 9개월 전인 2017.8.14. 입니다. 그가 사망했다는 사실을 알지 못한 시기에 글을 게시한 것입니다. 사망한 줄 알면서도 "숨어있다"는 표현을 쓸 사람 없을 것입니다. 그런데 원심은 "사망한 사람에 대해 숨어있다는 표현을 한 것은 김사복이 일부러 빨갱이라는 신분을 감추기 위해 숨어있다는 의미로 표현한 것"이라 해석한 후 이를 잣대로 하여 피고인을 악의적인 비방자로 판단했습니다. 이것이 과연 보편타당한 판결인지 살펴주시기 바랍니다.

3) 김사복과 힌츠페터의 관계를 증명하는 근거는 2개입니다. 하나는 영화에서 나타난 바와 같이 1980.5.20. 김사복이 힌츠페터를 광주에까지 태워다 주었다는 것이고, 다른 하나는 1975.10.3. 포천 약사봉 사진에 김사복과 힌츠페터가 함께, 김대중이 결성한 반국가단체 한민통 수뇌들과 어울렸다는 점입니다. 여기까지가 힌츠페터와 김사복 사이에 있

었던 관계의 전부입니다. 힌츠페터와 김사복은 국적에서부터 엄연히 다른 독립 객체입니다. 그런데도 원심은 매우 기상천외하게도 힌츠페터와 김사복을 동일시하였습니다. 피고인이 힌츠페터를 제601광수로 지정한 것은 곧 힌츠페터와 김사복을 동시에 간첩으로 규정한 것이라고 판결한 것입니다. 힌츠페터에 대한 표현이 곧 김사복에 대한 표현이라고 판단하는 것이 법률적으로 가능한 것인지 판단해 주시기 바랍니다.

4) 노숙자담요는 2015. 10. 10. 평양에서 열린 노동당창건 70주년 행사를 보도하는 연합뉴스, KBS 등 화면에 나타난 한 외국인 얼굴이 힌츠페터라고 판단하고 그를 제601광수로 지정하였습니다. 그런데 원심은 ① 노숙자담요의 분석은 믿을 수 없고, ② 연합뉴스 등에 촬영된 외국인 얼굴은 76세의 노인으로 보이지 않는다 하면서 힌츠페터를 601광수로 지정한 것은 허위의 인식을 가진 허위사실의 적시라고 판결했습니다. 아울러 힌츠페터를 601광수로 지목한 것은 힌츠페터와 김사복을 동시에 빨갱이로 몰아 비방한 것이라 판결하였습니다.

힌츠페터는 친북 반국가단체인 한민통과 최소한 1975년부터 교류를 했고, 북한이 광주에서 촬영한 사진들의 일부를 국제사회에 방영한 엄청난 공을 세웠습니다. 힌츠페터는 북한을 대신하여 한국은 자국민을 살해하는 나쁜 국민이라는 점을 국제사회에 부각시킨 최고 수준의 공신이기 때문에 2015년 북한의 최고 행사에 충분히 VIP로 초청될 수 있는 사람이었습니다. 이것이 피고인의 평가였습니다(5.18답변서 299쪽). 이로써 피고인은 ① 영상분석(5.18답변서 297쪽)을 통해 힌츠페터가 북한 행사에 참석했고, ② 정황 증거에 의해 힌츠페터가 북한에 갔을 것이라고 주장하였습니다. 근거 없이 주장한 것이 아니라 근거를 가지고 주장했던 것입니다. 하지만 원심은 오로시 "평양에서 촬영된 얼굴이 76세로 보이지 않는다"는 자의적인 잣대 하나를 가지고, 힌츠페터는 북한 행사에 가지 않았다고 판결하였습니다. 아울러 힌츠페터가 북한 행사에 갔다는 허위사실을 적시한 것은 근거 없이 힌츠페터를 빨갱이로 몬 것이며, 동시에 김사복까지도 빨갱이로 몬 행위라며 피고인을 범인으로 규정하였습니다.

하지만 "평양에서 촬영된 얼굴이 76세로 보이지 않는다"는 원심의 판단은 논리적 판단이 아니라 자의적 판단에 불과합니다. 그 사진을 76세로 보는 사람들도 많이 있을 것입니다. 과연 이 주관적인 원심의 잣대가 판단의 기준이 될 수 있는 것인지 살펴주시기 바랍니다.

바. 소 결

1) 김사복은 1974년 반국가단체인 한민통이 박정희를 저격하라고 보낸 문세광을 조선호텔에서 저격 장소인 국립극장에까지 태워다 준 사람으로 보도된 순간부터 세간에는 그가 빨갱이, 간첩일 것이라는 여론이 형성됐습니다. 따라서 "김사복은 빨갱이로 알려져 있다. 더러는 그를 간첩이라고 한다"는 피고인의 표현을 근거 없는 모략적 표현이라고 단정할 수는 없을 것입니다.

2) "나오면 영웅이 될 텐데 김사복은 영원히 잠적해 있다"는 표현은 그가 사망했다는 사실이 알려지기 9개월 전의 표현입니다. 이를 의도적인 범죄로 몰아가는 것은 재판이 아니라 공격에 해당한다고 생각합니다.

3) 원심은 노숙자담요가 김사복을 공격하기 위해 힌츠페터가 2015.10.10. 북한 노동당창건 70주년 행사에 갔다는 허위사실을 적시했다고 판결하였습니다. 그런데 아래 '시스템클럽' 홈페이지 기록을 보면 노숙자담요가 힌츠페터를 601광수로 지목한 날짜는 2015.10.11. 입니다. 필명 '달님'의 제보로 분석을 시작했고, 필명 '비바람'이 명명한 601광수로 지정한다는 노숙자담요의 기재가 있습니다.

> **힌츠페터, 북한정권의 5.18 국제선전전 요원(제601광수)증거**
>
> 작성자 **노숙자담요**　15-10-11 19:51　조회 2,770회　댓글 6건
>
> 달님님의 번쩍이는 지혜와 안목으로 찾아낸 위대한 발견입니다.
> 비바람님이 명명한 광수명을 부여합니다.

피고인이 김사복에 대해 문제의 글을 쓴 날짜는 2017. 8. 14. 입니다. 이 사실을 가지고 원심판결을 논하고자 합니다. 원심은 노숙자담요가 김사복을 비방하기 위해 힌츠페터를 601광수로 지목했다고 판결했습니다. 그런데 노숙자담요가 힌츠페터를 601광수로 지목한 날은 피고인이 문제의 글을 쓰기 20개월 전인 2015. 10. 11. 입니다. 그리고 노숙자담요는 범의를 가지고 힌츠페터를 601광수로 지목한 것이 아니라 필명 '달님'이의 분석 요청에 의해 분석한 것입니다. 의식적이든 무의식적이든 원심이 노숙자담요를 모략한 것이 됩니다. 매우 불손한 표현이겠지만 이는 마구잡이 모함이라는 생각이 듭니다.

4) 원심은 노숙자담요의 영상분석을 상당한 과학적 반론 절차 없이 무시할 법적 권한이 없습니다.

5) 이 판결로 인해 고소인 김승필은 2022. 3. 7. 서울중앙지방법원에 그의 모친 및 남동생과 함께 피고인에 또 다른 '소가 3억 5천만 원'의 손해배상 소를 제기하였습니다(2022가단5059055).

9 폭력에 대하여

가. 사건 발생 시의 상황

2016. 5. 19. 오전 서울중앙지방법원 525호 법정에서 이 사건 첫 심리가 있었습니다. 피고인은 국선 변호인이 아닌 사선 변호인을 선정하겠다 했고, 이에 재판은 불과 5분 만에 종료되었습니다. 재판부는 광주에서 5월단체 회원 50명 정도가 법원에 올 것이라는 경찰 측 정보를 받고 불상사에 대비해 법정 경위를 증강 배치하였습니다. 집단폭력 행위가 예상되었던 것입니다. 예상대로 피고인은 법정 출구에서부터 수십 명에 둘러싸여 집단폭력을 당했고, 극도의 공포감에 휩싸여 법정 경위의 겨드랑이에 얼굴이 파묻혀 엘리베이터를 탔지만 광주사람들은 엘리베이터 운행을 한동안 가로막았습니다.

가까스로 2층 보안 검색대를 통과하는 과정에서 고성을 지르며 얼굴을 때리려 다가오는 추혜성 쪽을 향해 손바닥을 펼쳐 방어막을 치면서 법정 경위가 팔을 잡고 이끄는 대로 법정문을 나가려는 순간 다시 추혜성으로부터 고성의 욕설을 들으면서 등짝을 맞았습니다. 법정 경위에 이끌려 잠시 창고 안에 숨었지만 이내 발각되어 법원 밖으로 나가는 과정에서 팔뚝 힘이 강한 백종환이 피고인의 두 손목을 강하게 잡고 이동을 방해했습니다. 이에 피고인은 체중을 팔목에 실어 두 팔목을 땅 쪽으로 밀어서 백종환 손아귀에서 벗어날 수 있었습니다. 고령에 속하는 피고인은 법정 경위들에 이끌려 빨리 장면을 벗어나려 했을 뿐 중과부적의 집단을 상대로 폭력을 행사할 수 있는 처지가 아니었습니다.

서초경찰은 피고인을 폭행한 11명을 인식하였지만 그 중 신원을 확인한 사람은 7명이었습니다. 검사는 피고인을 명백하게 가격한 7명에 대해서는 5.18유공자 또는 유공자 가족이라는 이유로 입건하지 않고, 50대 1로 집단 폭력을 당한 피고인에 대해서만 입건을 하였습니다. 1심은 상해죄를 인정했고, 2심은 한 등급 낮은 폭력죄를 인정하였습니다.

나. 원심 판단의 요지

1) 추혜성을 향해 오른손을 "휘저으면서" 추혜성의 우측 얼굴을 가격했다.

2) 백종환의 좌측 가슴을 공격적으로 가격했다.

3) 위 2개의 폭행은 집단 몸싸움을 벗어난 상태에서 개별적으로 피고인이 선제타격을 가한 것이기 때문에 정당방위에 해당하지 않는다.

다. 피고인의 주장

1) 집단폭행의 범주 내에서 피고인을 가격한 7명의 광주사람에 대해서는 '5.18유공자 또는 가족들'이라는 이유로 불기소했습니다. 반면 피고인은 베트남 전쟁에 참전하여 무공훈장도 받고 상해 6급의 유공자가 되었는데도, 피고인의 방어모션을 공격모션으로 왜곡시켜 가면서까지 기소를 하였습니다. 이는 지역에 대한 차별대우이고, 유공자 종류에 대한 차별대우라고 생각합니다. 이에 대한 법리 판단을 하여 주시기 바랍니다.

2) 피고인이 손바닥을 쭉 뻗어 피고인 얼굴을 보호하려 한 것은 추혜성이 고성을 지르며 무서운 속도로 달려들었기 때문이었습니다. 피고인은 과거 여러 차례 광주여성들로부터 손톱공격을 받은 바 있습니다. 추혜성이 피고인에게 무서운 속도로 달려오지 않았다면 피고인도 얼굴을 손톱으로부터 보호하기 위해 손바닥을 뻗지 않았을 것입니다. 백종환이 피고인의 팔목을 잡고 진로를 방해하지 않았다면 피고인은 그의 손아귀로부터 팔을 빼내는 모션을 쓰지도 않았을 것입니다. 재판부의 판결대로라면 피고인은 5.18 광주사람들이 때리면 가만히 서서 맞아주어

야 한다는 것입니다. 원심은 추혜성과 백종환의 장면이 들어 있는 상황이 집단폭력 상황이 아닌 개별 충돌 상황이라고 정의하였습니다. 이 사건 집단폭력과 개별 충돌의 경계선이 어느 장면에서부터 구분되는 것인지 명백히 정의하여 주시기 바랍니다.

3) 5월단체 수십 명이 피고인에 폭력을 가한 것은 '집단폭력 과정에서 발생한 폭행'이라 가벼운 것이고, 피고인이 집단폭행을 당하는 과정에서 추혜성의 공격으로부터 얼굴을 보호하려는 소극적 방어행동과 백종환의 손아귀로부터 벗어나려는 장면 이탈 행위는 개별 충돌 과정에서 피고인이 가한 선제공격이 되는 것인지 다시 살펴주시기 바랍니다.

4) 백종환은 좌측 가슴을 가격 당했다고 주장했는데 진단서에는 오른쪽 5번 늑골에 금이 갔다고 밝혔습니다. 이것도 모순 없는 주장인 것인지 살펴주시기 바랍니다.

5) 추혜성은 5층 복도에서부터 몸싸움에 적극적이었고, 공격적이었으며, 그의 목소리가 다른 소음들을 압도했습니다. 추혜성은 사건 발생 6개월 후에 진단서를 발급받아 제출하였습니다. 거기에는 다리, 어깨, 뺨 등 5개 부위에 상해를 입었다고 기재돼 있습니다. 원심은 4개 부분에 대해서는 피고인이 가격한 것으로 특정할 수 없지만 '오른쪽 뺨'에 난 상해는 피고인이 가한 것이라고 단정적으로 판단하였습니다. 상해를 입

은 부위가 5개인데 4개는 5층 복도에서의 집단 충돌 과정에서 발생한 것이고, 1개만 따로 2층 검색대 앞에서 피고인에 의해 가격당한 것이라고 판단한 것입니다. 5개의 상처 중 4개는 5층 복도에서 발생했는데, 1개만 독립해서 5층에서 발생한 것이 아니라는 논리도 수긍하기 어렵습니다.

이 부분 원심 판단은 모션의 특성을 무시한 것입니다. 마주 보는 사람의 뺨을 오른손으로 가격하면 상대방의 오른쪽 뺨이 아니라 왼쪽 뺨을 가격하게 됩니다. 오른손으로 상대방의 오른쪽 뺨을 가격하려면 오른손을 뻗어서 몸통을 좌에서 우로 팽이처럼 돌리면서 손등으로 가격해야 합니다. 하지만 동영상에 그런 모션은 없습니다. 과연 가격자가 ① 오른팔을 쭉 뻗어가지고, ② 몸통을 좌에서 우로 팽이처럼 돌리지 않으면서, 단지 오른손을 "휘저어" 상대방의 우측 뺨을 가격하는 것이 실제로 가능한 것인지에 대해 살펴주시기 바랍니다. 피고인은 물리적으로 불가능하다고 생각합니다.

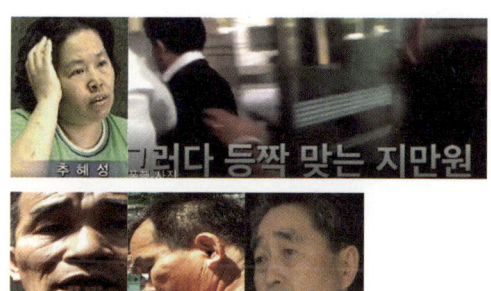

6) 원심은 동영상에서 피고인이 "오른손을 추혜성의 얼굴 쪽으로 휘저

어 피해자의 오른쪽 뺨을 가격하였다"고 묘사하였습니다. 가격하려면 손을 스트레이트로 뻗으면서 속도를 내서 가격하는 것이지, '손을 휘저어' 가격하는 사람은 없습니다.

라. 소 결

1) 피고인은 이 사건에서 법 앞에 평등한 대우를 받지 못하였습니다.

2) 피고인은 누구의 눈에나 명백한 집단폭력을 당했는데도 원심은 피고인이 개별 충돌 상황에서 피해자들을 선제공격했다고 판결하였습니다. 피고인의 예방행위와 폭력으로부터 벗어나려는 모션을 매우 억울하게도 선제공격행위로 정의하였습니다.

3) 피고인이 추혜성을 가격했다는 원심 논리는 과학을 무시한 억측입니다.

4) 백종환은 좌측 가슴을 가격 당했다고 주장했는데, 병원 진단서에는 우측 5번 늑골에 옅은 금이 나있다고 기재돼 있습니다. 이에 대해 원심은 모순이 없다고 판결했습니다. 좌측 가슴을 가격하면 좌측 가슴에 상해를 입지 않고 그 대신 우측 5번 늑골에 상해가 가는 것인지, 이것이 과학에 부합하는 현상인 것인지 확인해 주시기 바랍니다.

10 지용에 대하여

가. 지용의 주장

아래 사진은 의심스러운 행동을 하고 있다는 사람을 도청 안으로 데리고 들어가는 장면이다. 맨 우측 73광수로 지정된 인물이 나이고, 내 앞의 인물이 71광수 박남선이다.

나. 원심 판결의 요지

피고인은 제73광수를 북한 인민군 대장 오극렬이라고 주장하지만, 제73광수는 지용이 맞다. 그 이유는 피해자의 상황 진술에 모순이 없고, 피고인의 주장만으로 지용 주장의 신빙성을 배척하기 어렵기 때문이다.

다. 원심판결의 자의성

지용의 진술에는 제73광수가 어째서 자기의 얼굴인지에 대해 아무런 설명이 없습니다. "내가 내 얼굴 모르겠느냐" 이것이 얼굴 주장의 전부였습니다.

반면 피고인은 [5.18답변서] 278~282쪽에 걸쳐 어째서 제73광수가 오극렬의 얼굴이고, 제73광수가 어째서 지용의 얼굴일 수가 없는지 과학적으로 분석하여 전시해놓았습니다. 아래는 그 일부입니다.

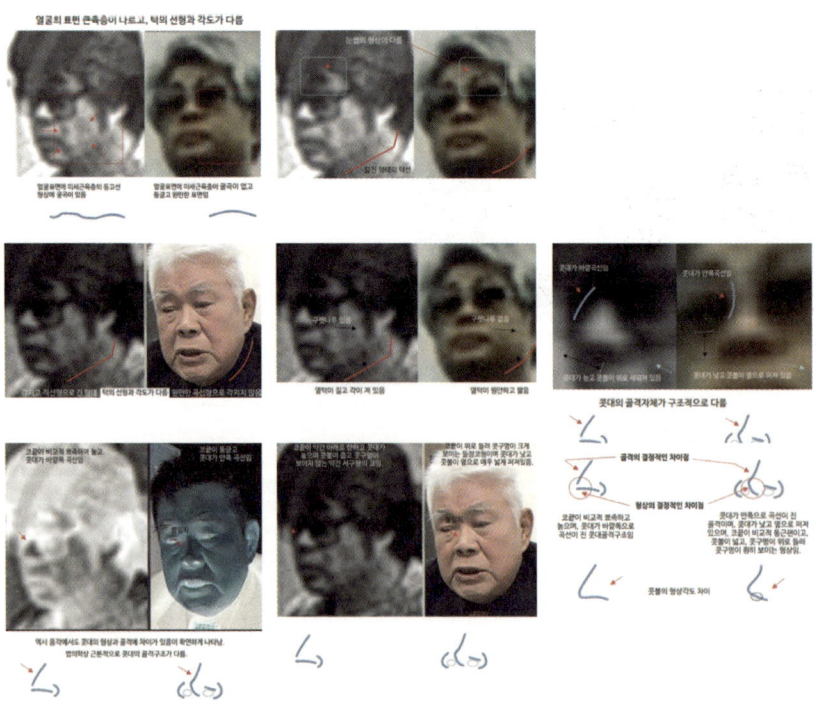

이상과 같이 지용의 근거 없는 주장과 피고인의 과학적 증거를 놓고, 원심은 지용의 주장이 진실이라고 판단하였습니다.

라. 지용의 거짓말도 사실로 인정

지용은 73광수 바로 앞에서 걸어가는 제71광수가 박남선이고, 자기는 박남선과 호형호제하는 사이였다고 진술했습니다. 그런데 피고인은 앞에서 박남선이 제71광수일 수가 없다는 점을 밝혔습니다. 위 현장 사진에서 지용이 박남선 바로 뒤에 따라갔다는 지용의 주장은 허위입니다 (518답변서 278~282쪽).

마. 소 결

1) 지용 사건 역시 앞에서 다뤘던 14명의 케이스와 동급 동격의 것입니다.

2) 노숙자담요가 제시한 얼굴분석은 두 가지입니다. 하나는 제73광수가 어째서 북한의 거물 오극렬인가에 대한 얼굴분석이고, 다른 하나는 지용이 어째서 제73광수가 될 수 없는지에 대한 얼굴분석입니다. 이 두 개의 분석은 피고인의 주장이자 증거입니다. 그런데 원심은 이 주장과 증거를 탄핵하는 아무런 과정 없이 모두 무시한 채, 지용의 주장이 모두 사실이라는 이유로 덮어버렸습니다.

11 요약

1. 이 사건은 5.18의 명예에 국한되는 사건이 아니라 국가안위와 사법부 명예가 동시에 관련된 중대한 사건입니다. 5.18은 이미 민주화운동으로 평가되었기 때문에 더 이상 새로운 역사관을 내놓으면 안 된다는 사람들이 있습니다. 이들 중에는 5.18을 금전적 신분적 이권증서로 여기는 사람들이 있고, 5.18을 발판으로 정치세력을 장악한 사람들도 있습니다. 그 반대로 5.18의 진실을 바로 밝혀야 한다는 국민들이 있습니다. 이들 중에는 5.18을 북한이 선전포고 없이 몰래 침투해 일으킨 국가전복 사건일 수 있는 것인데 이를 덮어버리려는 것은 전범국을 비호하는 이적행위에 해당할 수 있다며 분노하는 국민들이 있습니다. 5.18유공자들이 해마다 늘어가고, 그들이 받는 금전 혜택과 취업 혜택은 늘어만 가는데 유공자 명단을 비밀로 하면 국민은 봉이냐, 불만을 가지고 있는 국민들도 많이 있습니다. 5.18이 떳떳한 존재가 아니라는 뜻입니다. 이처럼 5.18은 광주만의 문제가 아니라 그보다 몇 단계 높은 국가안위에 관한 문제인 것입니다.

2. 원심 판결문에는 심판을 받아야 할 대상이, 피고인이 아니라, 원심 재판부여야 한다는 공분의 마그마가 잉태돼 있습니다. 재판부가 이념 갈등의 한쪽 당사자임을 자임하고, 다른 편에 선 피고인을 기율 없이 문란한 방법으로 가해하는 판결들이 즐비해 있기 때문입니다. 재판부가 아무런 증거나 논리 없이 피고인의 증거와 논리를 무시하고 이변적 궤변을 창조하고, 거짓말까지 만들어 가면서, 이념이 다른 피고인을 공격하는 처사는 사법부 최종의 보루인 귀원에서 시정시켜야 할 대상일 것입니다.

가. [오월 그날이 다시 오면] 제목의 사진집은 1987년, 천주교 광주대교구 정평위(정의평화위원회) 명의로 발간이 됐고, 사진집에는 15점의 으깨진 얼굴이 수록돼 있으며, 이 얼굴들이 공수부대가 저지른 만행의 증거라고 비난돼 있습니다. 이 15점의 얼굴 중 5점은 사진집 발간 5년 전인 1982년에 북한이 발행한 삐라에 수록돼 있습니다. 광주시민의 총 사망자 수는 모두 154명입니다. 5.18기념재단 홈페이지에는 이 154명에 대한 '영정사진'과 '사연'이 전시돼 있습니다. 그런데 1982년의 북한 삐라에 수록된 5점은 물론, 정평위가 1987년 사진집에 수록한 15점의 사진 모두가 이 154점의 얼굴 중에 없고, 사연도 없습니다. 그래서 피고인은 광주 정평위 신부들이 북한 자료를 가져다 공수부대를 비방하는데 사용했다며 "신부를 가장한 빨갱이"라는 표현을 하였습니다. 이 표현이 4명의 신부 고소자의 명예를 훼손했다는 것입니다. 이에 대한 판단과

정에서 2개의 거짓이 드러났습니다.

하나는 원심이 거짓을 꾸며가지고 그것을 잣대로 하여 피고인에 불리한 판결은 한 것입니다. 15점 얼굴의 일부가 광주시민의 얼굴로 밝혀졌다는 것입니다. 하지만 이 내용은 심리과정에서도 밝혀진 바 없습니다. 판결서에도 15점의 얼굴 중 어느 얼굴이 광주시민인 것으로 특정되었는지에 대해 일체 설명이 없습니다. 재판부가 거짓말을 지어낸 것입니다. 재판부가 거짓말을 지어내 피고인을 공격하였다는 것은 전대미문의 이변일 것입니다. 범국민적으로 간과할 수 없는 파행이 아닐 수 없습니다.

또 다른 하나의 거짓은 광주신부 이영선에 의해 저질러진 위계를 원심이 모순 없는 진실이라고 판결한 것입니다. 4명의 신부 중에는 이영선이 포함돼 있습니다. 그는 제주도 해군기지 건설을 방해한 주동자였고, 북한의 연평도 포격을 옹호했습니다. 이를 놓고 피고인은 신부를 가장한 빨갱이라 했습니다. 그런데 이영선은 1987년 사진집 발행 당시에 신부가 아니라 신학생이었습니다. 그런데도 광주변호사들이 이영선을 정평위 소속의 신부라고 위계하여 사기 소송을 했습니다. 이러한 사실이 법정 발언과 답변서를 통해 구구절절 읍소되었는데도 원심은 고소내용 모두가 모순 없는 진실이라고 판결하였습니다.

원심은 15점의 사진을 광주시민이 촬영했다고 판결하였습니다. 이에 대한 증거는 고소인의 주장일 뿐 증거로 확인된 것이 없습니다. 또한 광주시민이 촬영했다는 15점의 얼굴 중 5점은 1982년 북한이 삐라의 소재로 활용하였습니다. 이는 광주가 북한에 계엄군을 모략하기 위한 소재로 사용하라고 1980년에 촬영한 사진을 제공했다는 것을 입증합니다. 그런데도 원심은 고소인들의 주장이 무조건 다 모순 없는 사실이라고 하였습니다. 이는 판단유탈, 법리오해, 심리미진, 이유 불비, 채증 법칙의 위반 차원을 훨씬 넘어 '무조건' '안면 몰수' '막무가내'를 의미하는 인민재판이라 아니할 수 없습니다.

나. 이 병합사건 중 가장 큰 사건은 "내가 광수다" 하면서 나선 고소인 15명에 관련한 사건입니다. 노숙자담요는 3년 동안 총 661명의 광수를 찾아냈습니다. 이에 5.18기념재단이 661명중 15명을 선정하여 일일이 찾아가 소송하라 권고하였습니다. 이들 중에는 중국집 배달원, 구두닦이, 새시공, 실업자, 다방종업원, 80대 노파 등이 있습니다. 89세의 김진순은 자기 아들 이용충이 사망한 사실을 1980.6.30.일에 처음 안 것으로 확인돼 있는데도 그보다 38일 전인 5월 23일 관을 잡고 있는 62광수가 자기라고 주장하였습니다. 80대 노파 심복례는 자기 남편 김인태가 사망한 사실을 해남에서 통보받은 날짜가 1980.5.29.일이고 광주 망월동에 부패한 상태로 가매장돼 있는 남편의 관을 처음 대했던 날이 5.30일이었던 사실이 확인되었는데도, 5월 23일 남편의 관을 잡고 우는 여인이 자기라고 주장하였습니다. 그런데도 원심은 이 두 노파의 주장이

모순 없는 진실이라며 우격다짐 식의 판결을 내렸습니다.

당시 골재 채취 화물차 운전을 했던 박남선은 제71광수의 얼굴이 자기 얼굴이어야 하는데 피고인이 황장엽 얼굴과 비슷한 얼굴을 창작하여 자기의 몸체에 합성시켜놓았다는 허황된 주장을 하였습니다. 이에 피고인은 71광수 사진이 합성된 것이 아니라 진본 사진임을 증명하기 위해, 조선일보 사진-데이터베이스에 수록돼있는 71광수의 원본사진을 제시했습니다. 이에 추가하여 인터넷에서 그 사진이 전시돼 있는 곳으로 안내하는 검색경로를 제시하였습니다. 그런데도 마이동풍의 원심은 박남선의 주장이 모순 없는 진실이라고 판결하였습니다. 박철은 흐리고 흔들려서 형체조차 알아볼 수 없는 정도의 사진 3장을 내놓고 "누구든 이 사진을 보면 육안만으로도 내가 제388광수라는 것을 확인할 수 있다"고 주장하였습니다. 1심에서 3번째로 재판장을 맡으셨던 이경진 판사님이 "이 사진은 알아보기 어려우니 제대로 된 사진을 제출하라" 명하셨는데도 박철은 제출하지 않았습니다. 그런데도 원심은 박철의 주장 모두가 모순 없는 진실이라고 판결했습니다. 점령군이 군사재판을 한다 해도 체면 상, 차마 이 정도까지는 못할 것 같습니다. 피고인은 답변서를 통해 이러한 모순이 15명 모두에 다 해당한다는 것을 충분히 인식하도록 제시하였습니다. 하지만 원심은 얼굴을 반대편으로만 돌린 채, 고소인들의 주장은 다 옳고 모순이 없다는 판결을 하였습니다.

원심 판결에는 경천동지할 억지와 궤변이 2개 있습니다. 하나는 외국에 거주하는 노숙자담요 및 피고인이 단 한 번도 만나보지 못했던 생면부지의 광주 사람들, 구두닦이 등 무명인으로 살아가는 고소인들에 대해 앙심을 품고 그들의 명예를 훼손할 동기와 의도를 가지고 있었다는 판결입니다. 원심의 이 억지가 세상을 외포케 할 것입니다. 이 판결이 사법부에서 허용되는 판결인 것인지 상고심 판결을 통해 국민에 공지해주시기 바랍니다.

억지 판결의 또 다른 하나는 노숙자담요가 현장 사진 속 얼굴을 북한의 양정성 장관을 지낸 문웅조(5.18당시 32세)라고 지정한 사실은 곧 5.18당시 광주 다방에서 종업원을 하던 박철(5.18당시18세)을 특정한 것으로 보아야 한다는 판결입니다. 노숙자담요가 현장사진 속 얼굴 661명을 북한의 누구누구라고 지정한 것에 대해 광주사람의 누구든 "이 얼굴이 내 얼굴이다"하고 주장하면 그 주장이 무조건 모순 없는 사실이라는 판결인 것입니다. 피고인은 이런 주장들로 인해 광주법원에서 1인당 1,500만월을 배상하라는 판결을 받았고, 그 결과 이자를 포함하여 2억 4천만 원의 배상금을 '5.18기념재단'에 송금하였습니다. 이대로라면 피고인은 661명에 대해 1,500만원씩을 물어야 하고, 총 100억원 규모의 배상금을 5.18기념재단에 물어야 합니다. 이는 살인행위이지 재판 행위가 아닐 것입니다. 여기는 파기 사유 6가지가 모두 들어 있습니다.

아마도 이 [광수]부분에 대한 형량이 2년 형량 중 90% 정도는 차지할 것입니다.

다. 피고인은 북한군이 5.18을 주도하였다고 믿을 수밖에 없는 정황 증거 42개를 제시하였습니다. 이 42개 모두가 '증거로 뒷받침된 반대논리'에 의해 무력화되지 않는 한, [북한군 개입] 표현은 허위사실의 적시가 될 수 없습니다. 원심의 가장 큰 허점은 바로 이 중요한 42개 정황 증거에 대한 탄핵과정을 회피하였다는 점입니다. 42개 정황 증거에 대해서는 고소인들도, 1심도, 2심도 모두 다 탄핵하지 못했습니다. "5.18은 이제까지 민주화운동인 것으로 정리돼 있지 않느냐" 오로지 이 논리 하나만 가지고 "북한군 개입은 없었다"고 우격다짐식의 판결을 한 것입니다. 결론적으로 원심은 42개 정황증거가 난공불락의 성곽이라는 사실을 입증시켜 준 것입니다. 이 부분에는 6가지 파기 사유가 다 들어 있습니다.

라. 노숙자담요가 힌츠페터를 601광수로 지정한 날은 2015.10.11.이고, 영화 [택시운전사]가 개봉된 날은 그 20개월 이후인 2017.8.2. 입니다. 김사복의 신원이 밝혀진 날은 영화개봉일 이후 9개월이 지난 2018.5.10. 입니다. 이러한 기록이 있는데도 원심은, 노숙자담요가 2017.8.2. 개봉된 영화에 김사복이 주인공으로 나올 줄 미리 알고 그보다 20개월 전인 12015.10.11.에 힌츠페터를 평양행사에 참석한 빨갱이로 몰아감으로써 힌츠페터와 김사복을 싸잡아 빨갱이로 몰았다고 판결

하였습니다. 김사복과 힌츠페터가 동일체라 판결한 것입니다. 노숙자 담요가 20개월 후에 영화가 개봉될 것을 미리 알고, 2015년에 힌츠페터를 601광수로 지정해놓았다는 원심판결은 시공 개념조차 무력화시킨 이변에 속할 것입니다. 이 부분에도 역사 파기 사유 6개가 모두 들어 있습니다.

마. 탈북자 장진성은 본명도 가짜, 평양에서 국경연선지대로 가는 여행증도 가짜, 평양에서 기차를 탔다는 것도 가짜, 두만강을 건넜다는 것도 가짜, 김일성종합대학을 다녔다는 것도 가짜, 대남사업부에서 근무했다는 것도 가짜임이 드러났습니다. 그런데도 원심은 장진성의 모든 주장이 모순 없는 진실이라고 판결했습니다. 382광수와 장진성의 최근 얼굴을 비교분석하는데 있어서 국과수는 "얼굴형과 턱은 비슷해 보이고, 눈썹, 코끝, 아랫입술은 서로 달라 보인다"는 정도로 평가했습니다. 반면 노숙자담요는 [5.18답변서]의 323~327쪽, 5개 쪽에 걸쳐 누가 봐도 과학적 매너로 인식될 만큼, 분석 시범을 보였습니다. 그런데도 원심은 국과수도 분석하기 어렵다 하는데 노숙자담요가 무슨 분석을 하느냐며, 노숙자담요의 분석 자체를 쓰레기처럼 취급했습니다. 이 부분에도 원심 파기 사유 6개가 모두 들어 있습니다.

바. 폭행 부분입니다. 나이 76세였던 피고인이 5.18측 50명으로부터 기습을 당해 몰매를 맞고 있는 장면에서 서초경찰이 7명의 가해자 신원

을 특정해 냈는데도 불구하고, 검사와 원심은 그들이 5.18유공자 또는 그 가족이라는 이유로 무죄판단을 하였습니다. 반면 피고인은 가족을 떠나 먼 이국땅 베트남에 가서 44개월 동안 공산주의와 싸웠습니다. 그 과정에서 전공도 세웠고, 상해도 입었습니다. 무공훈장과 상이 6급에 해당하는 유공자증을 재판부에 제시했습니다. 그런데도 원심은 공산주의와 싸운 공로에 대해서는 냉정하게 무시했습니다. 5.18유공자들은 국가를 상대로 전투를 한 사람들입니다. 피고인은 당시 대한민국의 제2전선이라는 베트남 전쟁터에 가서 국가의 명령과 상관의 지시에 따라 가족과 떨어져 44개월 동안이나 붉은 게릴라와 전쟁을 하였습니다. 그런데도 원심 재판부에는 5.18유공자 가족을 드높은 상위에 올려놓고, 2개의 유공자증을 제출한 피고인을 땅 밑에 내려놓았습니다. 판결서에 나타나 있는 이 명백한 사실은 원심 판사들의 이념적 정체를 가장 확실하게 정의해준 생생한 증거가 아닐 수 없습니다. 원심판결이 이념 판결이라는 것을 이보다 더 이상 생생하게 증명할 수는 없을 것입니다.

피고인의 얼굴을 후비겠다며 달려드는 억척스런 여인을 향해 정상 속도로 오른손을 내밀어 흔든 것을 놓고 집단충돌 과정이 아닌 개별 충돌 과정에서 피고인이 선제공격을 한 것이라고 뒤집어 씌웠습니다. 구두 닦이를 했다는 백종환이, 법원 경내를 빠져나가려는 피고인의 양쪽 팔목을 우악스런 힘으로 잡고 있는 상태에서 벗어나기 위해 팔을 빼내는 장면을 놓고서는 피고인이 개별 충돌 상태에서 백종환을 선제공격하였다고 뒤집어씌웠습니다. 50명이 달려들었는데 어디까지가 집단충돌이고, 어디까지가 개별 충돌이라는 것인지에 대한 설명이 없습니다.

백종환이 사건 1개월 만에 떼어온 진단서에는 오른쪽 5번 늑골에 약간의 금이 가 있다고 기재돼 있습니다. 좌측 가슴을 쳤는데 오른쪽 겨드랑이 밑에 금이 나 있다는 것입니다.

판결서에서 보편타당성이라는 개념을 전혀 찾아볼 수 없습니다. 이 부분에도 원심 파기 사유 6개가 모두 들어 있습니다.

사. 원판결서는 ① 판단유탈 ② 이유 불비 ③ 심리미진 ④ 채증 법칙 위배 ⑤ 사실오인 ⑥ 법리오해, 총 6개의 파기 사유로 가득 차있습니다. 6개 파기 사유 차원을 훨씬 넘는 인민재판을 하였고 학문을 희화화하여 모욕하고 유린하였습니다. 따라서 원심판결을 파기 환송하여 주시기 바랍니다.

2022. 3. 24.
상고인(피고인) 지만원

대 법 원 제 2 부 귀중

판 결 문

서울중앙지방법원

제 8 - 3 형 사 부

판 결

사 건	2020노804 가. 정보통신망이용촉진및정보보호등에관한법률위반 (명예훼손)
	나. 사자명예훼손
	다. 상해(일부 인정된 죄명 폭행)
	라. 명예훼손
	마. 출판물에의한명예훼손
피 고 인	1.가.나.다.라.마. 지만원 (411120-0000000), 시민운동가
	주거 서울 동작구 동작대로13길 12, 203호 (사당동, 자매빌딩)
	등록기준지 서울 용산구 이태원동 271
	2.가. 손상대 (601205-0000000), 인터넷신문사 운영
	주거 서울 성북구 성북로4길 52, 115동 302호 (돈암동, 한신아파트)
	등록기준지 경북 울진군 북면 부구리 208
항 소 인	쌍방
검 사	이영남, 이만흠, 신도욱(기소), 정거장(공판)
변 호 인	변호사 김오섭, 김정술(피고인들 모두를 위하여)

원 심 판 결	서울중앙지방법원 2020. 2. 13. 선고 2016고단2095, 2016고단 9358(병합), 2017고단4705(병합), 2017고단8331(병합), 2019고단 8398(병합) 판결
판 결 선 고	2022. 2. 16.

주 문

원심판결 중 피고인 지만원에 대한 유죄 부분(이유무죄 부분 포함)과 무죄 부분을 모두 파기한다.

피고인 지만원을 징역 2년에 처한다.

피고인 손상대의 항소와 검사의 피고인 손상대에 대한 항소를 모두 기각한다.

이 유

1. 이 법원의 심판범위

원심은, 피고인 지만원에 대한 공소사실 중, 피해자 윤장현에 관한 정보통신망이용촉진및정보보호등에관한법률위반(명예훼손)의 점 및 명예훼손의 점에 대하여 공소를 기각하였고, 피해자 김진순에 관한 정보통신망이용촉진및정보보호등에관한법률위반(명예훼손)의 점에 대하여 주문에서 무죄를 선고하였으며, 피해자 정형달, 남재희, 안호석, 이영선, 지용에 관한 각 정보통신망이용촉진및정보보호등에관한법률위반(명예훼손)의 점에 대하여 일부를 판결 이유에서 무죄로 판단하고, 피해자 정형달, 남재희, 안호석, 이영선, 지용에 관한 각 나머지 정보통신망이용촉진및정보보호등에관한법률위반(명예훼손)의 점 및 나머지 공소사실들에 대하여 유죄를 선고하였다. 피고인 손상대에 대한

공소사실은 전부 유죄를 선고하였다. 그런데 피고인들은 유죄 부분에 대하여만 항소하였고, 검사는 유죄, 주문무죄, 이유무죄 부분에 대하여만 항소하였으므로, 피고인들과 검사가 모두 항소하지 아니한 공소기각 부분은 그대로 분리·확정되었다. 따라서 이 법원의 심판범위는 원심판결 중 유죄, 주문무죄, 이유무죄 부분에 한정된다.

2. 항소이유의 요지

가. 피고인 지만원

1) 사실오인, 법리오해, 이유모순

가) 피해자 정형달, 남재희, 안호석, 이영선에 관한 정보통신망이용촉진및정보보호등에관한법률위반(명예훼손)의 점(유죄 부분에 한하여)

○ 원심은, 이 부분 게시글 중 '정의평화위원회는 지금도 대한민국을 파괴하고 사회적화를 위해 몸부림치고 있다'는 표현(아래 ③번 표현)은 구체적인 사실의 적시에 해당하지 않는다고 보고 이유에서 무죄로 판단하면서도 위 표현을 범죄사실에 포함하였는바, 이는 이유모순에 해당한다.

○ 이 부분 게시글 중 유죄로 판단된 부분(아래 ①, ②번 표현)은, 1987년 사진첩에 실린 사진 5장이 북한이 1982년 살포한 삐라에 있는 것과 동일한 점, 1987년 사진첩에 실린 사진들 중 다수가 북한의 '한민전 평양본부'에서 제작한 '아! 광주여!'라는 제목의 사진집에 실린 사진들과 동일한 점 등을 근거로, 정의평화위원회 공산주의자 신부들과 북한 사이에 공모관계가 있다는 의혹을 제기한 것에 불과하고, '공산주의자', '유언비어' 등 가치판단적 표현을 사용하고 있으므로, 이는 피고인의 의견을 표명한 것에 해당하고 사실의 적시에 해당하지 않는다.

○ 정의평화위원회는 별도의 단체가 아니라 천주교 광주대교구유지재단의 여

러 부서, 조직 또는 기구 중 하나에 불과하고, 신부들만이 아니라 수녀나 일반 신도들도 소속되어 있으므로, '정의평화위원회'라는 집단표시는 그 구성원 신부 모두를 가리키는 것으로 볼 수 없다. 이 부분 게시글 중 '정의평화위원회는 신부를 가장한 공산주의자들이다'라는 표현(아래 ①번 표현)은 '정의평화위원회 구성원 신부들 중 공산주의자가 있다'는 의미로 해석하여야 하므로, 위 표현만으로는 피해자들이 특정되었다고 볼 수 없다.

○ 1995년 사진첩은 그 발간에 피해자들이 관여하지 아니하였으므로, 이 부분 게시글 중 위 사진첩에 관한 부분은 피해자들에 대한 명예훼손죄 성립과 관련이 없다.

○ 1987년 사진첩은 정의평화위원회 간사 김양래가 수집 및 편집한 사진들로 구성된 것인데, 위 사진들의 출처에 관한 김양래의 진술은 앞뒤가 서로 모순되고 내용도 불분명하여 믿기 어렵고, 달리 위 사진들의 출처나 진위가 확인되지 않는 점, 삐라는 위 사진첩이 발간되기 전인 1982년 5월경 북한이 만든 위장단체 '민주화추진위원회'에 의하여 발행되었던 점, 인터넷이 없던 시대에 동일한 사진과 내용을 담은 책이 남한과 북한에서 각 발간된 것으로 미루어 볼 때 두 책을 발간한 주체들 간에 직·간접적으로 공모관계가 있다고 볼 수밖에 없었던 점 등을 고려하면, 이 부분 표현은 허위라고 볼 수 없고, 설령 이를 허위라고 보더라도, 피고인에게는 허위사실에 대한 인식이 없었다.

○ 소위 '5·18민주화운동 북한군 개입설'(이하 '북한군 개입설'이라 한다)은 피고인이 관련 자료의 분석을 통하여 얻은 학문적 성과인 점, 표현의 근거가 없다거나 표현방법이 악의적이라고 할 수 없는 점, 피고인의 행위는 역사적 진실을 밝히기 위한

것으로서 공공의 이익에 관한 것인 점, 다소 단정적 표현이 사용되었다는 이유만으로 공공의 이익을 부정할 수 없는 점 등을 고려하면, 피고인에게는 비방의 목적이 인정되지 않는다.

○ 피고인의 행위는 사회상규에 위배되지 아니하는 행위로서 형법 제20조 정당행위에 해당되므로 위법성이 조각된다.

나) 피해자 박남선, 심복례, 곽희성에 관한 정보통신망이용촉진및정보보호등에관한법률위반(명예훼손)의 점, 피해자 망 백용수에 관한 사자명예훼손의 점, 피해자 박선재, 김규식, 김선문, 양홍범, 김공휴에 관한 정보통신망이용촉진및정보보호등에관한법률위반(명예훼손)의 점, 피해자 망 박동연에 관한 사자명예훼손의 점, 피해자 양기남, 백종환, 박철에 관한 정보통신망이용촉진및정보보호등에관한법률위반(명예훼손)의 점, 피해자 지용에 관한 출판물에의한명예훼손의 점, 정보통신망이용촉진및정보보호등에관한법률위반(명예훼손)의 점(유죄 부분에 한하여)

○ 이 부분 각 게시글은 그 내용을 증명하기 위하여 북한에 있는 자료를 이용할 수 없는 상황이므로, 증거에 의하여 증명이 가능한 사실의 적시라고 볼 수 없고, 일명 '노숙자담요'가 얼굴인식프로그램을 활용하여 분석한 결과(이하 '얼굴비교분석결과'라 한다)를 근거로 한 의견 표명에 불과하다.

○ 피해자들과 그 유족들의 진술은 신빙성이 없고 이를 뒷받침할 객관적인 증거가 없는 반면, 얼굴비교분석결과 및 탈북자들의 증언에 비추어 보면 이 부분 각 게시글의 내용은 진실이라고 인정할 수 있다. 표현 내용이 허위라는 점은 검사의 엄격한 증명을 요하는 범죄 구성요건임에도 불구하고 원심은 적극적인 증명 없이 곧바로 피고인이 게시한 각 글이 허위라고 인정한 잘못이 있다.

○ 설령 이 부분 각 게시글의 내용이 허위라고 하더라도, 피고인은 위 얼굴 비교분석결과 및 탈북자들의 증언에 근거하여 표현 내용이 진실하다고 믿었고 그렇게 믿을 상당한 이유가 있었으므로, 명예훼손의 고의가 없다. 특히 사자명예훼손의 점에 관하여, 피고인은 표현 당시 피해자 망 백용수, 망 박동연이 사망하였음을 알지 못하였으므로 사자에 대한 인식이 없어 사자명예훼손의 고의가 부정된다. 나아가, 이 부분 각 게시글의 표현내용, 표현방법, 표현의 경위 및 전체적인 글의 취지 등을 살펴보면, 피고인은 사진 속 인물이 피해자들이 아니라 북한특수군 내지 북한고위층인 것으로 알고 공소사실 기재와 같은 글을 게시하였던 것이고, 피해자들의 성명을 거론한 적도 없으므로, 피고인에게는 피해자들에 대한 명예훼손의 고의가 없다.

○ 설령 이 부분 각 게시글의 내용이 허위이고, 피고인에게 피해자들에 대한 명예훼손의 고의가 인정된다 하더라도, 피해자들이 평생을 광주나 전라도에서 살아온 이상, 5·18민주화운동 당시 북한군으로 활동하였다고 오해를 받지는 않을 것이므로, 피해자들의 명예가 훼손될 여지가 없다는 점에서, 불가벌적 불능범에 해당될 뿐이다. 피해자들에 대한 사회적 평가가 근본적으로 바뀌지 않을 것이라고 판단하면서 동시에 피해자들의 명예가 중대하게 훼손되었다고 판단하는 것은 이유모순이다.

○ 피고인의 행위는 5·18민주화운동과 관련한 역사적 진실을 밝히기 위한 것으로서 공적 사안에 관한 것이므로, 비방의 목적을 인정할 수 없다.

○ 피고인의 행위는 사회상규에 반하지 않는 정당행위로서 위법성이 조각된다.

다) 피해자 장철현에 관한 정보통신망이용촉진및정보보호등에관한법률위반(명예훼손)의 점

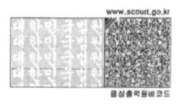

○ 이 부분 게시글은 논리적 근거에 따른 가치판단적 추론 과정을 내용으로 하므로, 의견을 표현한 것이고 사실의 적시에 해당하지 않는다.

○ 피해자의 진술은 서로 모순되는 점이 있고 구체적인 내용이 포함되어 있지 아니하여 믿기 어렵다. 이와 달리 피고인의 얼굴비교분석결과는 신빙할 수 있는 객관적인 증거이므로, 피고인이 게시한 글이 허위라고 볼 수 없다.

○ 설령 위 게시글이 허위라고 하더라도, 피고인이 허위임을 인식하였다고 볼 증거가 없고, 피고인에게 비방할 목적도 인정할 수 없다.

○ 피고인의 행위는 사회상규에 반하지 않는 정당행위로서 위법성이 조각된다.

라) 피해자 망 김사복에 관한 사자명예훼손의 점

○ 피고인은 다른 사람의 말을 전한 것일 뿐 직접 피해자를 '간첩', '빨갱이'라고 표현하지 아니하였고, 영화 '택시운전사'의 주인공인 피해자가 나서지 않자 간첩 또는 빨갱이여서 나타나지 못하는 것 아닌가 하는 의혹을 제기한 것에 불과하며, 5·18민주화운동 당시 북한군의 개입이 있었다는 취지이고 5·18민주화운동이 북한의 소행으로 발생하였다는 취지는 아니었으므로, 이 부분 게시글은 사실의 적시에 해당하지 않고 의견 표명에 불과하다.

○ 피고인이 제출한 자료들(피해자 망 김사복이 이적단체인 한국민주통일연합과 상당한 관련이 있다는 자료, 힌츠페터가 북한 노동당 창건 70주년 기념행사에 참석한 사진과 그 분석자료)에 의하면, 위 게시글의 내용이 허위라고 볼 수 없다. 그럼에도 원심은 피해자가 5·18민주화운동에 참여하였는지 여부에 대한 판단 없이 위 게시글이 허위라고 판단한 잘못이 있다.

○ 사자명예훼손죄가 성립하기 위해서는, 적시한 허위사실은 사자의 생존 시의 사실이어야 하며 사실의 적시행위는 사망 후에 이루어져야 하는데[1], 피고인은 표현 당시 피해자가 살아있다고 생각하고 이를 전제로 글을 게시하였으므로, 사자명예훼손죄가 성립하지 않는다.[2]

○ 피해자는 영화 '택시운전사'의 주인공으로서 공적 존재이므로, 보다 광범위한 문제제기가 허용되어야 한다.

○ 피고인의 행위는 사회상규에 반하지 않는 정당행위로서 위법성이 없다.

마) 피해자 추혜성, 백종환에 관한 상해의 점

○ 검사는 피고인을 폭행한 자들에 대해서는 5·18민주화운동 유공자 및 그 가족임을 이유로 기소하지 아니하였는데, 피고인에게도 군복무 당시 공적이 있음에도 피고인만 상해죄로 기소하였다. 이는 공소권 남용이라 할 것이므로 이 부분은 공소기각 되어야 한다. 원심판결에는 이와 같은 피고인의 주장에 관하여 판단하지 않은 잘못이 있다.

○ 피고인은 피해자들을 상해한 사실이 없다. 설령 피고인이 피해자들을 상해하였다고 보더라도, 이는 집단공격을 피하거나 방어하기 위해 무의식적으로 손을 휘두른 것에 불과하여 상해의 고의가 없고, 정당방위에 해당하여 위법성이 조각된다.

2) 양형부당

원심이 피고인에 대하여 선고한 형(징역 2년 및 벌금 100만 원)은 지나치게 무거워 부당하다.

나. 피고인 손상대

---

1) 그러므로 명예를 훼손당한 사람이 행위 이후에 사망한 경우에는 본죄가 아니라 명예훼손죄에 의하여 처벌된다.
2) 사자명예훼손에서 말하는 허위 사실이 아니라 명예훼손의 고의도 없다고 주장한다.

1) 사실오인 및 법리오해

피고인이 게시한 글의 내용은 의견 표명에 불과하고 사실의 적시에 해당하지 않는다. 피해자 장철현의 진술은 모순되고 구체적인 내용에 대해서는 기억하지 못하고 있으므로 신빙할 수 없고, 얼굴비교분석결과에 의하면 피해자 장철현은 5·18 당시 북한에서 소년병으로 파견되었던 제382광수에 해당되므로 위 글의 내용은 허위라고 볼 수 없다. 설령 위 글의 내용이 허위라고 보더라도, 피고인은 공동피고인 지만원이 작성한 글의 내용을 진실하다고 믿었고 달리 위 내용이 허위라고 의심할 만한 사정이 없었으므로, 피고인에게는 허위에 대한 인식이 없었다. 피고인의 행위는 공익을 위한 것이므로 비방의 목적을 인정할 수 없다. 피고인외 행위는 신문사 운영자로서의 정당한 업무행위에 속하므로 형법 제20조 정당행위로서 위법성이 조각된다.

2) 양형부당

원심이 피고인에 대하여 선고한 형(벌금 500만 원)은 너무 무거워 부당하다.

다. 검사

1) 사실오인 및 법리오해(피고인 지만원에 대하여)

가) 피해자 김진순에 관한 정보통신망이용촉진및정보보호등에관한법률위반(명예훼손)의 점

피해자 김진순은 현재 89세로서 고령이고 건강상태가 좋지 않은 점, 목포에 거주하고 있어서 서울까지 올라와 증언할 수 있는 상황이 아닌 점 등을 고려하면, 피해자 김진순의 고소장은 형사소송법 제314조의 요건을 갖추어 증거능력이 있다. 그럼에도 원심은 위 고소장의 증거능력이 없다고 판단하고 이 부분 공소사실에 관하여 무죄를 선고한 잘못이 있다.

나) 피해자 정형달, 남재희, 안호석, 이영선에 관한 정보통신망이용촉진및정보보호등에관한법률위반(명예훼손)의 점(이유무죄 부분에 한하여)

이 부분 표현을 전후 문장과 유기적으로 해석하여 보면 '천주교 정의평화위원회가 1987년 9월경 의도적으로 주검을 짓이겨 허위 사진을 촬영하고, 1995년도에도 같은 방법으로 사진을 조작하여 퍼트리는 방법으로 공산주의 활동을 하였다'는 뜻이므로 구체적인 사실의 적시에 해당한다. 그럼에도 원심은 이 부분 문장 하나만 따로 분리하여 의견 내지 주장이라고 판단한 잘못이 있다.

다) 피해자 지용에 관한 정보통신망이용촉진및정보보호등에관한법률위반(명예훼손)의 점(이유무죄 부분에 한하여)

이 부분 표현은, 그 전후 맥락을 살펴보면 '피해자 지용의 주장은 그가 오극렬인 것만 보더라도 거짓말이다'라는 취지로 해석함이 상당하므로, 구체적 사실의 적시에 해당한다. 그럼에도 원심은 이 부분 표현만 따로 떼어놓고 무죄라고 판단한 잘못이 있다.

2) 양형부당

원심이 피고인들에 대하여 선고한 위 각 형은 지나치게 가벼워서 부당하다.

3. 직권판단(피고인 지만원에 대하여)

피고인들과 검사의 항소이유에 대한 판단에 앞서 직권으로 보건대, 검사는 당심에서 피고인 지만원에 대하여 2016고단9358호로 기소된 공소사실 제1의 가항 중 피해자 김진순에 관한 부분을 아래 제4.다.1)항 기재[다시 쓰는 판결 이유 중 '수정된 범죄일람표 (2)' 순번 4]와 같이 변경하는 내용의 공소장변경허가신청을 하였고, 이 법원이 이를 허가함으로써, 원심판결 중 피고인 지만원에 대한 부분은 그 심판대상이 변경되어 더 이상 유지될 수 없게 되었다. 다만 이러한 직권파기 사유에도 불구하고 피고인 지만원과 검사의 위 피고인에 대한 각 사실오인, 법리오해 등 주장은 여전히 이 법원의 판단대상이 되므로 항을 바꾸어 살핀다.

4. 피고인들과 검사의 사실오인, 법리오해 등 주장에 대한 판단3)

가. 피고인 지만원의 피해자 정형달, 남재희, 안호석, 이영선에 관한 정보통신망이용촉진및정보보호등에관한법률위반(명예훼손)죄에 대한 판단

1) 사실 적시 여부

가) 관련 법리

정보통신망 이용촉진 및 정보보호 등에 관한 법률 제70조 제2항에 규정된 정보통신망을 이용한 명예훼손죄에 있어서의 사실의 적시란 반드시 사실을 직접적으로 표현한 경우에 한정할 것은 아니고, 간접적이고 우회적인 표현에 의하더라도 그 표현의 전 취지에 비추어 그와 같은 사실의 존재를 암시하고, 또 이로써 특정인의 사회적 가치 내지 평가가 침해될 가능성이 있을 정도의 구체성이 있으면 족하다(대법원 2008. 7. 10. 선고 2008도2422 판결 참조). 한편, 하나의 표현물에 의견표현과 사실의 적시가 혼재되어 있는 경우에는 이를 전체적으로 보아 사실을 적시하여 명예를 훼손한 것인지 등 여부를 판단하여야 할 것이지, 의견표현과 사실의 적시 부분을 분리하여 별개로 범죄의 성립 여부를 논할 것은 아니라고 할 것이다(대법원 1997. 6. 10. 선고 97도956 판결, 대법원 2005. 6. 10. 선고 2005도89 판결 등 참조).

명예훼손죄 구성요건으로서 사실 적시는 가치판단이나 평가를 내용으로 하는 의견 표현에 대치되는 개념으로서 사실 적시행위는 시간, 공간적으로 구체적인 과거

---

3) '피해자 장철현에 관한 정보통신망이용촉진및정보보호등에관한법률위반(명예훼손)의 점'에 관한 판단 부분을 제외한 나머지 부분에서 '피고인'은 '피고인 지만원'을 가리키는 것이다.

또는 현재 사실관계에 관한 보고 내지 진술을 의미하는 것이며 표현내용이 증거에 의해 증명 가능한 것을 가리킨다. 구체적 사실이란 표현에 사용된 의미를 일반적으로 수용되는 의미에 좇아 이해할 때 오관의 작용에 의해 감지할 수 있을 정도로 현실화되고 증거에 의하여 증명할 수 있는 특정인의 과거 또는 현재의 구체적 사건 또는 상태를 말하고, 의견은 가치 판단적이어서 단순한 사실과 구별되어 사실관계나 사람에 대하여 어떤 인식 또는 견해를 갖거나 평가하거나 판단하거나 태도를 결정하는 등 정신적 활동의 표현을 뜻한다(대법원 2004. 2. 26. 선고 99도5190 판결 등 참조). 의견 또는 논평을 표명하는 형식을 취하고 있더라도 그와 동시에 묵시적으로라도 어떠한 사실을 전제하고 있는 경우에는 그 전제가 되는 사실을 적시한 것에 해당한다(대법원 2003. 6. 24. 선고 2003도1868 판결 등 참조). ① 문제된 표현이 사실을 적시하는 것인가, 아니면 단순히 의견 또는 논평을 표명하는 것인가, 또는 ② 의견 또는 논평을 표명하는 것과 동시에 묵시적으로라도 그 전제가 되는 사실을 적시하고 있는 것인가 그렇지 아니한가의 구별은 언어의 통상적 의미와 용법, 증명가능성, 문제된 말이 사용된 문맥, 표현이 행하여진 사회적 상황 등 전체적 정황을 고려하여 판단하여야 한다(대법원 2011. 9. 2. 선고 2010도17237 판결, 대법원 2017. 5. 11. 선고 2016도19255 판결 등 참조).

나) 원심의 판단

원심은, 이 부분 게시글 가운데 공소사실의 범위에 포함되는 것으로 보이는 것은 ① '정의평화위원회는 신부를 가장한 공산주의자들'이라는 표현과, ② '정의평화위원회는 5·18민주화운동 당시 계엄군의 총에 맞아 사망한 시민들의 사진이 아닌 북한 및 북한의 정치공작원들과 공모·공동하여 의도적으로 만든 15장의 모략용 시체사진을 실은 1987년 9월 「5월 그날이 다시 오면」 이라는 제목의 사진첩(이하 '1987년 사진

첩'이라고 한다)과 1995년 5월 「5월 광주」라는 제목의 사진첩(이하 '1995년 사진첩'이라고 한다)을 발행하여 5·18민주화운동과 관련된 유언비어를 제작·유포시켰다'는 표현 및 ③ '정의평화위원회는 지금도 대한민국을 파괴하고 사회적화를 위해 몸부림치고 있다'는 표현이라고 전제한 다음, ㉠ 피고인의 위 게시글의 내용, 전후 문맥과 위 ①번 표현이 글 전체에서 갖는 의미를 함께 고려하여 보면, 위 ①번 표현은 피해자들이 북한과 공모하여 북한이 만든 조작된 시체사진을 이용하여 그 사진이 마치 5·18민주화운동 당시 희생된 시민들의 사진인 것처럼 1987년 사진첩, 1995년 사진첩에 수록하여 위 사진첩들을 발행하였다는 취지의 피고인의 주장을 강조하고 피해자들과 북한과의 관련성을 부각시키기 위한 부정적 표현으로 사용된 것으로 보이므로, 위 ①번 표현은 북한과 내통하거나 긴밀하게 연관된 사람이라는 의미로 받아들여지는바, 이는 사실 적시에 해당하고, ㉡ 위 ②번 표현 역시 시간적, 공간적으로 특정된 사실로서 증거에 의하여 증명이 가능하므로, 사실 적시에 해당하나, ㉢ 위 ③번 표현은 피고인의 의견 내지 주장에 해당할 뿐 구체적인 사실 적시에 해당하지 않는다고 판단하면서, 위 ①, ②번 표현에 대해서는 유죄를, 위 ③번 표현에 대해서는 이유에서 무죄를 각 선고하였다.

다) 당심의 판단

(1) 먼저 위 ②번 표현에 관하여 살피건대, '천주교 광주대교구 정의평화위원회가 발행한 1987년 사진첩에 게재한 사진들은 광주신부들이 북한의 정치공작원들과 공모 공동하여 의도적으로 만든 모략용 사진'이라는 취지이므로 구체적 사실의 적시에 해당됨이 명백하다.

(2) 다음으로 위 ①번 표현에 관하여 본다.

'공산주의자'의 사전적 의미는 '사유재산제도의 부정과 공유재산제도의

실현으로 빈부의 차를 없애려는 사상을 가진 사람'이고, 여기서 '사상'이란 '판단, 추리를 거쳐서 생긴 생각의 내용'을 의미한다. 그런데 어느 한 개인이 공산주의자인지 여부는 그 개념의 속성상 그가 가지고 있는 생각에 대한 평가일 수밖에 없고, 공산주의자로서의 객관적・구체적 징표가 존재하는 것도 아닌 이상, 그에 대한 평가는 필연적으로 판단하는 사람의 가치관에 따라 상대적이어서 일반적으로 증거에 의하여 증명이 가능하다거나 시간적・공간적으로 특정되는 과거 또는 현재의 구체적 사실이라고 보기 어렵다. 한편, 분단국가인 우리나라에서 '공산주의자'는 북한과 연관 지어 사용되기도 한다. 북한의 정치인, 북한 정권과 내통하는 사람 등 북한과 긴밀하게 연관된 사람을 지칭하기도 하고, 북한 정권에 우호적인 사람, 북한 정권에 유화적인 정책을 주장하는 사람을 지칭하기도 한다. 오늘날 우리 사회는 개개인마다 정치적 이념에 따른 견해 차이는 있을지언정 대한민국헌법의 기본원리인 자유민주적 기본질서를 위협하지 않는 한 북한에 대해 우호적인 입장을 취하는 사람에 대해 부정적인 시각을 보이지 않는다. 따라서 '공산주의자'라는 표현이 북한과 연관 지어 사용되더라도 대한민국의 자유민주적 기본질서를 위협할 수 있는 다른 구체적인 사정에 대한 언급이 없는 이상 그 사람의 명예를 훼손할만한 구체적 사실의 적시라고 쉽사리 단정할 수 없다(대법원 2021. 9. 16. 선고 2020도12861 판결).

그런데 위 ①번 표현은, 정의평화위원회가 ②번 표현에 적시된 바와 같이 북한의 정치공작원들과 공모 공동하여 의도적으로 주검을 찟기 모략용 사진을 만들어 유포시켰기 때문에 '(북한의 정치공작원들과 공모 공동하여 대한민국을 파괴하려는) 공산주의자'라는 것이다. 위 게시글은 정의평화위원회를 "이 나라의 운명을 재촉하는 반역의 신부조직", "국가파괴에 진력하고 있는 불순하기 이를 데 없는 광주사람들

"이라고도 표현하고 있다. 즉, 위 ①번 표현의 '공산주의자'는 단순히 특정의 정치적 이념을 지닌 사람을 지칭하는 것을 넘어서, 대한민국헌법의 기본원리인 자유민주적 기본질서를 부정하고, 국가에 대한 적개심을 심어주며, '북한의 체제 또는 주의·주장을 지지·추종하는 자'를 가리킨다고 봄이 상당하다. 따라서 위 ①번 표현 역시 구체적인 사실의 적시에 해당한다 하겠다.

(3) 위 ③번 표현에 관하여 살핀다.

'천주교 정의평화위원회는 지금도 대한민국을 파괴하고 사회적화를 위해 몸부림치고 있다'는 표현 그 자체로는 간접적이고 우회적으로 피해자들을 평가하는 것으로 볼 여지가 있다 할지라도, 위 글의 앞뒤에 기재되어 있는 사실적시 부분, 즉 "1987년 사진첩에 의도적으로 만들어낸 모략용 사진을 게재하였고, 1995년에도 또다른 시체 사진첩인 1995년 사진첩을 제작함으로써 국가에 대한 적개심을 심어주고 있다"는 부분과 함께 읽으면, 피고인은 위 사실적시 부분을 '대한민국을 파괴하고 사회적화를 위해 몸부림치고 있다'고 압축하여 표현한 것으로 충분히 평가할 수 있다. 따라서 위 ③번 표현 역시 구체적 사실의 적시에 해당한다고 볼 것이다. 그럼에도 위 표현만 분리하여 피고인의 의견 내지 주장에 해당한다고 본 원심판결에는 사실을 오인하거나 법리를 오해함으로써 판결에 영향을 미친 위법이 존재한다.

(4) 따라서 ①, ②번 표현이 사실 적시에 해당한다는 원심의 판단은 정당한 것으로 수긍할 수 있으므로, 피고인의 이 부분 주장은 이유 없고, 반면 ③번 표현이 사실 적시에 해당함을 지적하는 검사의 주장은 이유 있다.

2) 피해자 특정 여부

가) 관련법리

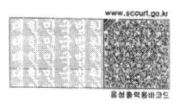

명예훼손죄는 어떤 특정한 사람 또는 인격을 보유하는 단체에 대하여 명예를 훼손함으로써 성립하는 것이므로 피해자가 특정되어야 한다. 집합적 명사를 쓴 경우에도 어떤 범위에 속하는 특정인을 가리키는 것이 명백하면, 이를 각자의 명예를 훼손하는 행위라고 볼 수 있다. 그러나 명예훼손의 내용이 집단에 속한 특정인에 대한 것이라고 해석되기 힘들고 집단표시에 의한 비난이 개별구성원에 이르러서는 비난의 정도가 희석되어 구성원 개개인의 사회적 평가에 영향을 미칠 정도에 이르지 않는 것으로 평가되는 경우에는 구성원 개개인에 대한 명예훼손이 성립하지 않는다(대법원 2011. 7. 28. 선고 2008도3120 판결, 대법원 2018. 11. 29. 선고 2016도14678 판결 등 참조). 한편, 명예훼손의 내용이 구성원 개개인에 대한 것으로 여겨질 정도로 구성원의 수가 적거나 당시 주위 정황 등으로 보아 집단 내 개별구성원을 지칭하는 것으로 여겨질 수 있는 때에는 집단 내 개별구성원이 피해자로서 특정된다고 보아야 할 것이고, 그 구체적 기준으로는 집단의 크기, 집단의 성격과 집단 내에서의 피해자의 지위 등을 들 수 있다(대법원 2003. 9. 2. 선고 2002다63558 판결, 대법원 2013. 1. 10. 선고 2012도13189 판결 등 참조).

나) 판단

피고인은 원심에서도 동일한 취지의 주장을 하였던바, 원심은, 원심이 적법하게 채택·조사한 증거들에 의하여, 재단법인 광주구천주교회유지재단은 천주교 광주대교구에 속한 모든 교회의 운영 및 선교, 교육, 의료, 사회복지, 보육, 묘지(납골시설 포함), 한센병 복지, 국민생활 향상 및 문화사업을 목적으로 하여 설립된 법인인 사실, 피해자 정형달, 남재희, 안호석, 이영선은 천주교 광주대교구 소속의 신부들인 사실, 정의평화위원회는 천주교 광주대교구 산하 조직으로서, 피해자 정형달은 1987년 사진첩

발간 당시를 포함한 1979년경부터 1988년경까지, 피해자 남재희는 1987년 사진첩 발간 당시를 포함한 1986년부터 1987년까지, 피해자 안호석은 1987년 사진첩 및 1995년 사진첩 발간 당시를 포함한 1985년경부터 1993년경까지 및 1997년경부터 2004년경까지 각 정의평화위원회 위원으로 재직하였고, 피해자 이영선은 피고인이 위 글을 게시할 당시를 포함한 2014년경 정의평화위원회 위원으로 재직한 사실, 정의평화위원회 위원의 숫자에 관하여, 1982. 9.경부터 1991. 5.경까지 정의평화위원회 간사를 역임한 김양래는 1987년 당시 13명이라고 진술하였고, 피해자 안호석은 1995년 당시 20명, 2014년 당시 30명이라고 진술한 사실을 각 인정한 다음, 위와 같이 정의평화위원회는 13명 내지 30명 정도로 구성원 수가 적고 그 구성원이 신부와 신도만으로 구성된 단체인 점, 피고인 지만원은 위 게시글에서 '정의평화위원회'라는 집단표시 이외에도 정의평화위원회와 그 소속 신부들을 가리켜 '천주교 신부 조직', '천주교 정의평화위원회 신부들', '광주신부'라는 표현을 사용한 점 등을 감안하여 보면, '정의평화위원회'는 집단 내 개별구성원을 지칭하는 것으로 정의평화위원회 소속 신부들인 피해자 정형달, 남재희, 안호석, 이영선을 지칭하는 것으로 여겨질 수 있으므로, 위 피해자들은 위 게시글로 인한 명예훼손의 피해자로 특정된다고 판단하였다.

　나아가, 위 증거들에 의하여 인정되는 다음과 같은 사정들, 즉 ① 천주교 광주대교구 정의평화위원회는 '교황청 인간발전성' 산하에 있는 '한국 천주교 주교회의 정의평화위원회' 산하 조직으로서 전국 15개 교구[4])에 정의평화위원회가 존재하는 점, ② 천주교 사제에 대한 인사발령은 공문을 통해 이루어지고, 각 교구 소속 사제 명단은 교구에서 발간한 회보에 실리거나 교구의 인터넷 사이트에 게재되는 등 누구나 명

---

4) 서울, 수원, 인천, 의정부, 춘천, 원주, 대전, 청주, 전주, 광주, 대구, 마산, 부산, 안동, 제주

단을 확인할 수 있는 것으로 보이는 점, ③ 위 게시글은, 정의평화위원회 소속 신부들이 북한과 공모하여 조작된 시체사진 등을 사진첩에 수록한 점에 비추어, 정의평화위원회 소속 신부들은 북한과 내통하는 '공산주의자'라는 취지로 이해되고, 사진첩 발간에 직접 관여한 사람만 북한과 내통하는 '공산주의자'라는 취지는 아닌 것으로 보이는 점까지 보태어 보면, 정의평화위원회 위원이었거나 위원인 피해자 정형달, 남재희, 안호석, 이영선을 위 게시글로 인한 명예훼손의 피해자라고 인정한 원심의 판단은 정당한 것으로 수긍할 수 있다. 피고인의 이 부분 주장은 받아들이지 않는다.

3) 허위사실인지 여부 및 허위의 인식이 있는지 여부

원심은, 피고인은 북한이 1982년에 배포한 삐라[5]에 1987년 사진첩에 실린 사진과 동일한 사진 5장이 있는 것과 1987년 사진첩에 실려 있는 사진들 중 다수가 북한의 '한민전 평양본부'에서 제작한 '아! 광주여!'라는 제목의 사진집에 있는 사진들과 동일한 점을 근거로 들면서 위 ①, ②번 표현이 진실이라는 취지로 주장하나, 위 삐라를 만든 주체, 제작·배포시기(1987년 사진첩 제작 이전인지 이후인지) 등이 불분명한 점, 피고인의 주장대로 위 삐라가 1987년 사진첩이 제작되기 이전인 1982년에 북한에 의하여 배포되었다고 하더라도, 이는 5·18민주화운동이 발생한 이후이므로, 위 삐라에 나온 사진들이 5·18민주화운동 당시 희생된 시민들의 사진이 아닌 북한에 의하여 만들어진 사진이라는 근거는 될 수 없는 점, 1987년 사진첩에는 위 사진들 이외에 실제로 5·18민주화운동의 희생자 사진으로 확인되는 사진들이 수록되어 있는 점[6], 북한의 '한민전 평양본부'가 제작한 '아! 광주여!' 사진집은 1987년 사진첩이 발행된 후인 1990. 5.

---

[5] 피고인 지만원 제출 증거 증제61호
[6] 원심은, 1995년 사진첩은 1987년 사진첩에서 표지를 바꾸고 사진첩을 발간한 뒷이야기, 5·18민주화운동 당시 10일간 이후의 기록 등이 첨부되었을 뿐 1987년 사진첩에 게시된 사진이 대부분 그대로 수록되었다는 이유로, 피고인이 주장하는 위 삐라와 1987년 사진첩에 실린 사진만 비교검토하였다.

18.경 발행되었으므로, '아! 광주여!' 사진첩이 1987년 사진첩의 사진들을 그대로 게재하였다고 보는 것이 보다 합리적인 점, 1987년 사진첩에 사진의 출처가 명시되어 있지 않으나, 1987년 사진첩 제작 시 사진을 수집하고 편집하는 등 사진첩 제작의 실무를 총괄담당한 김양래는 원심 법정에서 사진첩에 수록된 사진들의 수집경위와 출처에 관하여, '1987. 5.경 5·18민주화운동을 기념하기 위한 사진전시회가 열렸는데 당시 사진기자, 광주시민들이 사진들을 가져다 주었고, 그 사진들을 모아서 사진집을 만들었다', '흑백사진은 나경택이라는 사진기자가 찍은 사진이다. 칼라사진은 광주시민들이 갖다 주었다. 조선대학교에서 치공사로 근무하는 사람이 필름을 주었고, 희생자 시신사진은 기독교병원에서 일하면서 개인사진첩을 운영하던 김영복이 찍은 사진이다', '기자가 찍은 사진은 건물에서 찍어서 앵글이 높고, 시민들이 찍은 사진은 평지에서 촬영되었다', '당시 기독교병원 목사인 헌틀리가 시신이 너무 참혹해서 그것을 닦아주고 사진을 찍어서 갖다 주었다'라고, 상세하고 구체적으로 진술한 점 등에 비추어 보면, 위 게시글은 허위의 사실에 해당하고, 피고인은 허위인 사실을 인식하고 있었다고 판단하였다.

원심의 위와 같은 판단을 기록과 대조하여 면밀히 살펴보고, 나아가 피고인 스스로도 '구체적으로 정의평화위원회 신부들과 북한이 공모공동했다는 증거는 없다'고 진술하였던 점까지 보태어 보면, 원심의 위와 같은 판단은 정당한 것으로 수긍할 수 있다. 따라서 피고인의 이 부분 주장도 받아들이지 않는다.

4) 비방의 목적이 있는지 여부

원심은, 위 인정사실과 앞서 든 증거들에 의하여 인정되는 다음의 각 사정들, 즉 위 게시글의 주요 내용은, 정의평화위원회 소속 신부들은 공산주의자들로서, 북한과 공모하여 5·18민주화운동 당시 희생된 시민들의 사진이 아닌 북한이 조작하여 만든 시체

사진을 수록한 1987년 사진첩 및 1995년 사진첩을 각 발간하여 계엄군이 5·18민주화운동 당시 잔인하게 시민들을 살해한 것처럼 유언비어를 퍼트렸다는 것으로서, 앞서 본 바와 같이 그 근거가 미약하고, 표현방법도 단정적이고 악의적인 점, 위 글의 게시로 인하여 피해자들의 이념적인 정체성에 대한 오해가 생길 수 있고, 피해자들의 위 각 사진첩 발간과 관련한 사회적 명성과 명예가 실추되는 결과를 초래할 우려가 있는 점 등에 비추어 보면, 피고인이 공공의 이익을 위하여 위 글을 게시한 것으로 보기는 어렵고, 피고인에게 비방의 목적이 인정된다고 판단하였다.

원심의 판단을 기록과 대조하여 면밀히 살피건대, 원심의 위와 같은 판단 역시 정당한 것으로 수긍할 수 있다. 피고인의 이 부분 주장도 이유 없다.

5) 정당행위 해당 여부

가) 형법 제20조 소정의 '사회상규에 위배되지 아니하는 행위'라 함은 법질서 전체의 정신이나 그 배후에 놓여 있는 사회윤리 내지 사회통념에 비추어 용인될 수 있는 행위를 말하고, 어떠한 행위가 사회상규에 위배되지 아니하는 정당한 행위로서 위법성이 조각되는 것인지는 구체적인 사정 아래서 합목적적, 합리적으로 고찰하여 개별적으로 판단되어야 하므로, 이와 같은 정당행위를 인정하려면 첫째 그 행위의 동기나 목적의 정당성, 둘째 행위의 수단이나 방법의 상당성, 셋째 보호이익과 침해이익과의 법익균형성, 넷째 긴급성, 다섯째 그 행위 외에 다른 수단이나 방법이 없다는 보충성 등의 요건을 갖추어야 한다(대법원 2003. 9. 26. 선고 2003도3000 판결 등 참조).

나) 원심과 당심이 인정한 위의 사실 및 사정들로부터 추론되는 피고인이 이 부분 글을 게재한 경위 및 동기, 위 게시글의 내용 및 표현, 이로 인하여 피해자들이 입은 피해의 정도 등을 종합하여 보면, 피고인의 행위는 동기나 목적의 정당성, 수단이나

방법의 상당성, 보호이익과 침해이익과의 법익균형성, 긴급성, 보충성 등의 요건을 갖추지 못하였음을 알 수 있다. 피고인의 행위는 형법 제20조에서 규정한 사회상규에 위배되지 아니하는 정당행위라고 할 수 없다. 피고인의 이 부분 주장도 받아들이지 않는다.

나. 피고인 지만원의 피해자 박남선, 심복례, 곽희성, 박선재, 김규식, 김선문, 양흥범, 김공휴, 양기남, 백종환, 박철에 관한 각 정보통신망이용촉진및정보보호등에관한법률위반(명예훼손)죄, 피해자 망 백용수, 망 박동연에 관한 각 사자명예훼손죄, 피해자 지용에 관한 출판물에의한명예훼손죄, 2018. 5. 21.경 정보통신망이용촉진및정보보호등에관한법률위반(명예훼손)죄에 대한 판단

1) 피해자 특정 및 사실 적시 여부

가) 원심의 판단

피고인은 원심에서도 동일한 취지의 주장을 하였는바, 원심은, 사진 속 인물이 피고인이 주장하는 북한특수군인지 여부는 시간적, 공간적으로 특정된 사실로서 증거에 의하여 증명이 가능하므로, 사실의 적시에 해당한다고 판단하였고, 나아가 명예훼손죄가 성립하려면 반드시 사람의 성명을 명시하여 허위의 사실을 적시하여야만 하는 것은 아니므로 사람의 성명을 명시하지 않은 허위사실의 적시행위도 그 표현의 내용을 주위사정과 종합 판단하여 그것이 어느 특정인을 지목하는 것인가를 알아차릴 수 있는 경우에는 그 특정인에 대한 명예훼손죄를 구성한다(대법원 1982. 11. 9. 선고 82도1256 판결, 대법원 2014. 3. 27. 선고 2011도11226 판결 등 참조) 할 것인데, 피고인이 지목한 사진들은 5·18민주화운동이 시작된 1980. 5. 18.경부터 계엄군에 의해 최종 진압된 1980. 5. 27.경까지 사이에 광주도청, 광주시내 등지에서 5·18민주화운동과 관련

 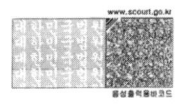

된 어떤 특정한 행동을 하는 인물들의 모습을 담은 사진으로서, 배경이 되는 시공간이 한정되어 있고, 사진 속 인물들 역시 5·18민주화운동에 참여한 시민군, 일반시민들로서 한정된 사람들인 점, 사진 속 인물들의 행위 자체가 5·18민주화운동을 구체적으로 보여주는 역사성을 띠고 있다고 평가되는 점, 객관적인 사료와 증언들에 의하여 사진 속 인물이 실제 누구인지 밝혀질 가능성이 있는 점, 실제로 피해자들이 사진 속 인물이 자신들이라고 주장하고 있는 점 등에 비추어 보면, 비록 피고인이 이름을 특정하지는 않았다고 하더라도 5·18민주화운동 당시 촬영된 사진 속의 인물을 북한특수군 내지 북한고위층으로 지칭하는 행위는 '특정인'을 지목한 경우에 해당하므로, 피해자는 특정되었다고 보아야 한다고 판단하였다.

나) 당심의 판단

원심의 인정사실들에다가, 원심 및 당심이 적법하게 채택하여 조사한 증거들에 의하여 인정되는 다음과 같은 사정들, 즉 ① 피고인은 5·18민주화운동 현장 사진을 게시하면서 각 사진 속 인물이 북한특수군 내지 북한고위층인 '제○광수'에 각 대응한다고 표시하였는바, 이는 곧 '사진 속 인물'이 '특정 북한특수군 내지 북한고위층'이라는 의미인 점, ② 사진과 함께 게시한 글의 표현방식을 보더라도, "황장엽은 총을 든 5.18 광주 북한특수군이었다! … 광주시민을 총으로 위협하여 납치한 후 고문을 가하고 이마에다 대고 소구경 권총을 발사하여 이마에 총알 구멍을 내고 또는 도끼로 머리를 가격하여 뇌사상태에 빠지게 하여 살해하는 등 무고한 양민들을 참혹하게 학살한 자입니다", "전투준비 앞에총 자세의 5.18광주 북한특수군(제37, 38, 39, 40, 42, 57광수)", "제323광수 주규창이 발견됨으로써 북한 국방위원 12명 전원이 북한특수군 광주 5.18 침략군에 현역정규군으로 참전하였음이 밝혀졌다"는 등의 단정적 표현을 사용함으로

 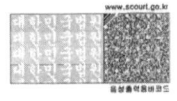

써, 피고인은 이를 본 인터넷 게시판 독자들로 하여금 사진 속 인물들이 5·18 당시 광주에 투입된 북한특수군이라고 인식하게 하려고 하였던 점, ③ 명예훼손의 요건이 되는 '사실'은 표현내용이 증거에 의해 증명이 가능한 것이면 족한 점, ④ 설령 위 각 게시글이 '북한군 개입설'을 주장하는 취지였다고 보더라도, 위 게시글은 의견 또는 논평을 표명함과 동시에 그 근거로서 '5·18민주화운동 현장에 북한특수군이 투입되었다'는 '사실'을 적시하였다고 봄이 상당한 점 등을 종합하면, 피고인이 게시한 각 글은 명시적으로 사실을 적시하였거나 적어도 의견 또는 논평을 표명하는 것과 동시에 묵시적으로 그 전제가 되는 사실을 적시하였다고 인정할 수 있다. 이 부분 원심의 판단 역시 정당한 것으로 수긍할 수 있다.

2) 허위사실인지 여부

가) 관련 법리

허위사실 적시에 의한 명예훼손죄로 기소된 사건에서, 적시된 사실이 허위라는 점은 검사가 이를 적극적으로 증명하여야 하고, 단지 적시된 사실이 진실이라는 증명이 없다는 것만으로는 허위사실적시에 의한 명예훼손죄가 성립할 수 없다. 그런데 위 증명책임을 다하였는지 여부를 결정함에 있어서는, 어느 사실이 적극적으로 존재한다는 것의 증명은 물론, 그 사실의 부존재의 증명이라도 특정 기간과 특정 장소에서의 특정행위의 부존재에 관한 것이라면 적극적 당사자인 검사가 이를 합리적 의심의 여지가 없이 증명하여야 할 것이지만, 특정되지 아니한 기간과 공간에서의 구체화되지 아니한 사실의 부존재를 증명한다는 것은 사회통념상 불가능한 반면 그 사실이 존재한다고 주장·증명하는 것이 보다 용이하므로 이러한 사정은 검사가 그 입증책임을 다하였는지를 판단함에 있어 고려되어야 하고, 따라서 의혹을 받을 일을 한 사실이 없다고

주장하는 사람에 대하여 의혹을 받을 사실이 존재한다고 적극적으로 주장하는 사람은 그러한 사실의 존재를 수긍할 만한 소명자료를 제시할 부담을 지며 검사는 제시된 자료의 신빙성을 탄핵하는 방법으로 허위사실임을 입증할 수 있을 것인데, 이 때 제시하여야 할 소명자료는 단순히 소문을 제시하는 것만으로는 부족하고 적어도 허위임을 검사가 입증하는 것이 가능할 정도의 구체성은 갖추어야 하며, 이러한 소명자료의 제시가 없거나 제시된 소명자료의 신빙성이 탄핵된 때에는 허위사실 적시로서의 책임을 져야 한다(대법원 2008. 11. 13. 선고 2006도7915 판결 등 참조).

한편, 제1심판결 내용과 제1심에서 증거조사를 거친 증거들에 비추어 제1심 증인이 한 진술의 신빙성 유무에 대한 제1심의 판단이 명백하게 잘못되었다고 볼 특별한 사정이 있거나, 제1심의 증거조사 결과와 항소심 변론종결 시까지 추가로 이루어진 증거조사 결과를 종합하면 제1심 증인이 한 진술의 신빙성 유무에 대한 제1심의 판단을 그대로 유지하는 것이 현저히 부당하다고 인정되는 예외적인 경우가 아니라면, 항소심으로서는 제1심 증인이 한 진술의 신빙성 유무에 대한 제1심의 판단이 항소심의 판단과 다르다는 이유만으로 이에 대한 제1심의 판단을 함부로 뒤집어서는 안 된다(대법원 2019. 7. 24. 선고 2018도17748 판결 등 참조).

나) 구체적 판단

(1) 원심은, ㉠ 피해자들과 그 유족들은 피해자들이 5·18민주화운동 당시 맡은 역할, 각 해당 사진이 촬영되었을 당시의 현장 상황, 당시 촬영 장소에 있게 된 사정 등에 관하여 구체적이고 상세하게 진술을 하고 있고, 이와 모순된 사정은 보이지 않으므로, 각 해당 사진 속 인물들은 피해자들이라고 봄이 상당하고, ㉡ 반면에 피고인은, 5·18민주화운동 당시 촬영된 사진에 찍힌 피해자들의 얼굴 중 특정 부분이 북한

지도층 인물들의 얼굴 중 특정 부분과 유사하게 보이는 점에 착안하여, 영상분석용 특수컴퓨터 및 기하학적 분석기법 등을 동원한 일명 '노숙자담요'의 얼굴인식프로그램을 활용하여 분석한 결과, 5·18민주화운동 당시 현장에서 찍힌 인물들의 사진과 현재 북한군 고위직에 재직하고 있는 사람들의 사진이 상당부분 일치한다고 주장하나, 위 작업 방식, 작업 기간, 구성원 등과 관련한 주장을 뒷받침할 만한 자료를 제출하지 아니한 점, 5·18민주화운동 당시 촬영된 사진과 피고인이 일치한다고 주장하는 북한군 소속 인물들 사진의 촬영 시점, 촬영 장소, 사진 속 인물들의 시선, 얼굴의 형상과 인물들의 자세, 착용한 의복, 두발형태 등을 종합하여 볼 때, 피고인이 제출한 위 자료들만으로는 피해자들의 원심 법정에서의 진술내용의 신빙성을 배척하기에 부족하므로, 5·18민주화운동 현장 사진 속 인물들이 피해자들이 아니라 북한군 고위관료들이라는 피고인의 주장은 받아들일 수 없다고 판단한 다음, 위와 같은 사정에 비추어 보면, 피고인이 주장하는 각 사진 속의 인물이 북한특수군이라는 취지의 각 게시글은 허위의 사실에 해당한다고 판단하였다.

(2) 원심이 인정한 위 사정들에다가, 원심 및 당심에서 적법하게 채택하여 조사한 증거들에 의하여 인정되는 다음과 같은 사정들까지 보태어 보면, 사진 속 인물은 피해자들이라고 충분히 인정할 수 있다. 사진 속 인물이 북한특수군과 동일인이라는 피고인의 이 부분 주장은 받아들이지 않는다.

① 피고인은 위 얼굴비교분석결과는 '노숙자담요'가 얼굴, 지문인식 기하학 분석, 법의학적 골상 분석, 표면 등고선과 등고면각, 형상방향각 분석 등 과학적 안면인식기술을 활용하여 검토한 것이어서 객관적인 증거라고 주장한다. 그런데 위 얼굴비교분석결과의 내용을 살펴보면, 육안으로 보이는 외관상 유사성을 지적하고 있을 뿐,

구체적인 수치 등의 데이터는 전혀 제시되지 않았다. 사진 간의 차이점에 대한 해명도 없고, 오류검증절차를 거친 바도 없어 보인다. 우리나라에서 '얼굴 동일성 판독'에 관하여 권위 있는 기관이라 할 수 있는 국립과학수사연구원은 비교분석하려는 사진의 화질이 낮아서 동일인인지 여부를 판단하기 불가능하거나, 판단할 수 있더라도 그 정확도가 현저히 낮다고 회신하였다. 노숙자담요의 안면인식기술의 정확성을 인정하는 공신력 있는 기관을 찾을 수 없을뿐더러, 이 사건 광수사진 비교분석 외에 노숙자담요의 안면인식기술이 적용된 사례도 보이지 않는다.

② 피고인도 위 얼굴비교분석결과가 틀릴 수 있다고 진술하였고, 특히 피해자 곽희성, 망 백용수에 대해서는 확실한 분석결과가 나오지 아니하였다고 진술하였다.

③ 피고인은 자신이 운영하는 시스템 클럽 인터넷 홈페이지 게시판에 '노숙자담요'라는 필명을 사용하여 글과 사진을 게시하기도 하였던 점, 피고인은 일명 '노숙자담요' 팀의 팀장으로서 총괄적으로 영업과 지휘를 하고, 위 팀으로부터 분석결과를 제공받아 종합적으로 상황분석, 얼굴분석의 정확성 여부를 판단하여 위 게시판에 글을 올리고 있다고 진술하였던 점 등을 고려하면, 일명 '노숙자담요'는 피고인과 사실상 함께 일하는 사람인 것으로 판단된다. 그렇다면 '노숙자담요'가 피고인과 독립된 객관적인 제3의 판단주체라고 보기도 어렵다.

3) 고의 인정 여부

원심 및 당심이 적법하게 채택하여 조사한 증거들에 의하여 인정되는 다음과 같은 사정들, 즉 ① 피고인이 게시한 각 글의 내용은 5·18민주화운동에 북한이 개입하였다는 피고인의 주장에 부합하는 것으로서, 5·18민주화운동과 관련된 현재까지의 사법

적 판단들(피해자의 내란음모죄 등에 대한 재심 사건에서의 무죄 판결, 전두환 등 신군부 세력에 대한 사형 선고 판결 등의 형사 판결과 관련 손해배상 사건 등의 민사 판결)이나 5·18민주유공자예우에 관한 법률의 제정·시행 과정 등에서 밝혀진 5·18민주화운동에 관한 인정사실들과는 배치됨에도, 피고인은 이러한 사법부와 입법부의 판단이나 사실인정은 모두 무시한 채, 자신의 생각과 일치되는 위 게시물을 사실인 것처럼 게시한 점, ② 피고인은 5·18민주화운동에 관하여 허위사실을 적시하여 명예훼손하였다는 범죄사실로 수 회 유죄판결을 선고 받아 확정되었음에도 원심판결 각 범죄일람표 기재 글들을 계속 게시하고 있는 점, ③ 특히 피해자 지용에 대한 2017. 9. 4.자 출판물에의한명예훼손 범행과 2018. 5. 21.자 정보통신망이용촉진및정보보호등에관한법률위반(명예훼손) 범행은, 피고인이 유사한 취지의 글을 시스템클럽에 게시하였다가, 피해자 박남선 등으로부터 민사소송을 제기당하여, 위 소송에서 '5·18민주화운동이 북한의 개입에 의하여 발생하였다는 것은 허위 사실'이라는 이유로 패소한 이후의 범행인 점(광주지방법원 2017. 8. 11. 선고 2016가합51950 판결 등), ④ 피고인은 얼굴비교분석결과, 탈북자들의 증언 등을 근거로 제시하고 있으나, 앞서 본 것과 같이 위 얼굴비교분석결과는 믿기 어렵고, 피고인이 들었다고 주장하는 탈북자들의 증언 내용 역시 피해자들이 각 '광수'에 해당한다는 점에 관한 구체적인 진술은 담고 있지 않은 것으로 보이는 점, ⑤ 달리 피고인의 주장을 뒷받침할 만한 객관적인 증거는 없는 점, ⑥ 피고인은, 비록 사진 속 인물이 구체적으로 피해자들이라는 점은 알지 못하였을지라도, 사진 속 인물이 '북한특수군'이 아닌 '일반시민'임에도 '북한특수군'이라고 허위사실을 적시함으로써 사진 속 인물의 명예가 훼손될 수 있다는 점은 인식하고 있었음이 명백한 점 등을 종합하여 보면, 피고인은 이 사건 각 글을 게시할 당시 자신이 게시한 글의

내용이 허위이고 이로 인하여 진정한 사진 속 인물인 피해자들의 명예가 훼손될 수 있다는 점을 인식하였다고 봄이 상당하다.

한편, 형법 제308조의 사자의 명예훼손죄는 사자에 대한 사회적, 역사적 평가를 보호법익으로 하는 것으로서 적시된 사실이 허위라는 것이 구성요건의 내용을 이루는 것이므로 행위자의 고의의 내용으로서 적시된 사실을 허위라고 인식하였어야 하는바(대법원 1983. 10. 25. 선고 83도1520 판결, 대법원 2001. 10. 9. 선고 2001도3594 판결, 대법원 2005. 7. 22. 선고 2005도2627 판결 등 참조), 앞서 본 것과 같이 피고인이 위 글의 내용이 허위라는 사실을 인식하였다고 봄이 상당한 이상, 사자명예훼손죄가 성립한다 할 것이고, 피고인이 위 글을 게시할 당시 피해자 망 백용수, 피해자 망 박동연이 사망하였다는 사실을 알지 못하였다고 하더라도 사자명예훼손죄의 성립에는 영향이 없다고 볼 것이다.

4) 비방의 목적이 있는지 여부

가) 원심은, 5·18민주화운동의 역사적 의의 및 이에 대한 사법적 평가를 살펴보면 북한특수군이 5·18민주화운동에 개입한 정황에 관한 객관적 증거가 전혀 없는 점, 앞서 본 바와 같이 피고인의 얼굴비교분석결과에 신빙성을 인정하기 어려운 점 등에 비추어 볼 때, 피고인이 5·18민주화운동 당시 촬영된 해당 사진 속 인물이 피해자들이 아니라 북한특수군이라고 주장하는 것은, 5·18민주화운동에 북한군이 개입하였다는 피고인의 주장을 뒷받침하기 위한 것으로서, 5·18민주화운동과 관련한 역사적 진실을 밝히기 위한 것이 아니라, 오히려 5·18민주화운동의 역사적 의의와 가치를 폄하하는 것으로밖에 볼 수 없으므로, 피고인이 공공의 이익을 위하여 위 각 글을 게시한 것으로 보기 어렵고, 피고인에게 비방의 목적이 인정된다고 판단하였다.

나) 살피건대, 적시된 사실이 역사적 사실인 경우, 시간이 경과함에 따라 점차 개인의 명예보다는 역사적 사실에 대한 탐구 또는 표현의 자유가 보호되어야 하고, 한편 진실 여부를 확인할 수 있는 객관적 자료에도 한계가 있어 진실 여부를 확인하는 것이 용이하지 아니하다는 점도 고려되어야 한다. 그러나 표현의 자유도 절대적인 것이 아니라 타인의 명예나 권리 등을 침해하여서는 안 되는 한계가 있는바, 표현의 자유와 인격권으로서의 개인의 명예 보호가 서로 충돌하였을 때 이를 조정하는 방법은 표현의 자유로 얻어지는 이익·가치와 인격권의 보호에 의하여 달성되는 이익·가치를 비교·형량하여 그 규제의 폭과 방법을 정해야 할 것이다. 이러한 취지에서 어떤 표현이 공적 사안에 관한 논평이라고 하더라도 타인의 명예를 훼손하는 내용인 경우 그 표현이 공공의 이해에 관한 사항으로서 그 목적이 오로지 공공의 이익에 관한 것으로서 그 논평이 공정한 의견이나 비판에 해당하고, 충분한 조사를 거쳐 합리적인 자료나 근거에 기하여 내용의 진실성이 증명되거나 행위자가 그것을 진실이라고 믿을 만한 상당한 이유가 있는 경우에 허용된다고 할 것이다.

이 사건의 경우, 위에서 본 바와 같이 각 게시물의 내용은 피해자들이 5·18 민주화운동에 참여한 일반시민이 아니라 '북한특수군'이라는 것으로, 그들의 역사적·사회적 평가를 현저하게 훼손하는 내용이므로 그 게시 내용의 진실성에 대한 증명이 더욱 엄격하게 요구된다 할 것인데, 위에서 본 바와 같이 게시된 내용이 허위사실에 해당할 뿐만 아니라, 그 게시 경위나 게시 전 조사 정도 등 앞서 살핀 여러 사정들에 비추어 보면, 이 부분 게시글들은 피해자들의 과거 행적이나 역사적 사실의 적시 및 이에 대한 건전한 비판이나 평가라 할 수 없고, 검증되지 않은 문헌의 자의적 해석 또는 익명의 제3자의 일방적 진술 등에 기초한 피해자들을 비방하는 글에 불과하다 판단

된다. 피해자들이 국가의 운명에까지 영향을 미칠 만한 국가 · 사회적 영향력을 가진 공적인 존재여서 그들이 가진 정치적 이념이 철저히 공개되고 검증되어야 한다고 보기도 어렵다. 피고인의 행위는, 5·18민주화운동에 대한 다양한 역사적 관점에서의 논쟁이라기보다는, 허위의 사실을 진실인 것처럼 일방적으로 단언하고 있는 것에 불과하므로, 표현의 자유나 언론의 자유의 한계를 벗어난 것이라고 보아야 한다. 따라서 피고인에게 비방의 목적도 인정된다.

5) 정당행위 해당 여부

원심 및 당심이 적법하게 채택하여 조사한 증거들에 의하여 인정되는 다음과 같은 사정들을 종합하여 보면, 피고인의 행위가 형법 제20조에서 규정한 사회상규에 위배되지 아니하는 정당행위라고 할 수 없다. 피고인의 이 부분 주장도 받아들이지 않는다.

① 비록 피고인이 5·18민주화운동에 관한 진실을 밝히기 위한 의도를 일부 가지고 이루어진 것이라고 하더라도, 앞서 본 바와 같이 피고인이 적시한 사실이 허위의 사실이고 피해자들에 대한 비방의 목적이 인정되는 점에 비추어 동기나 목적의 정당성을 인정할 수 없다.

② 피해자들은 5·18민주화운동 당시 직접 참여하였거나 위 사건으로 가족을 잃은 사람들로서, 피고인의 행위로 인하여 피해자들에 대한 사회적 가치나 평가가 절하됨에 따라 피해자들이 입게 될 정신적 고통이 결코 가볍지 않을 것으로 보이는바, 피고인의 행위는 그 수단이나 방법이 상당하다고 보이지도 않는다.

③ 앞서 본 것과 같이 피고인의 행위는, 5·18민주화운동에 대한 다양한 역사적 관점에서의 논쟁이라기보다는, 허위의 사실을 진실인 것처럼 일방적으로 단언하고 있

는 것에 불과하여 표현의 자유나 언론의 자유의 한계를 벗어난 것이라고 보아야 한다. 설령 피고인에게 표현의 자유가 보장된다고 보더라도, 정보통신망 이용촉진 및 정보보호 등에 관한 법률은 정보통신망에서 이루어지는 게시글, 댓글 등의 작성행위에 의하여 개인의 명예가 훼손되는 경우 이를 처벌하는 규정을 둠으로써 개인의 인격권을 보호하고 있는바, 이익형량을 함에 있어 위와 같은 피고인의 권리가 위 법률이 보호하고자 하는 개인이 명예를 훼손당하지 아니할 권리보다 우월하다고 단정하기 어렵다. 이는 피고인이 추구한 이익이 국가안보상 이익이라고 보더라도 마찬가지이다.

④ 달리 피고인이 긴급하고 불가피한 상황에서 위와 같은 표현을 한 것이라고 볼 만한 사정도 보이지 않는다.

다. 피고인 지만원의 피해자 김진순에 관한 정보통신망이용촉진및정보보호등에관한법률위반(명예훼손)의 점에 대한 판단

1) 공소사실의 요지

피고인은 2015. 9. 6.경 피고인이 운영하는 '시스템 클럽' 인터넷 홈페이지 게시판에, '거짓통곡하는 김정일의 처형 성혜랑 포착(제162광수)!'이라는 제목을 게재하고, 5·18민주화운동 당시 상무관에 안치된 아들(이용충)의 관을 발견한 후 울고 있는 피해자(김진순)를 제62광수라고 기재하고, 피해자가 조선로동당 중앙위원회 위원인 이을설이며 카메라가 비치자 선전선동 영상을 찍기 위한 목적으로 세계의 여론을 유리하게 이끌기 위해 미리 준비된 거짓 연기를 하였다는 취지의 허위의 글과 사진을 적시하였다.

그러나 사실은 피고인이 지목한 사진 속 등장인물은 이을설이 아니라 피해자였다.

이로써 피고인은 사람을 비방할 목적으로 정보통신망을 통하여 공공연하게 거짓의 사실을 드러내어 피해자의 명예를 훼손하였다.

2) 원심의 판단

원심은, 검사가 제출한 피해자 김진순의 고소장은 피고인이 증거로 함에 동의한 바 없고 원진술자의 진술에 의하여 성립의 진정이 인정되지도 아니하였으므로 증거능력이 없고, 검사가 제출한 증거들만으로는 위 공소사실을 인정하기에 부족하며 달리 이를 인정할 만한 증거가 없다고 보아 이 부분 공소사실을 무죄로 판단하였다.

3) 당심의 판단

원심 및 당심이 적법하게 채택하여 조사한 증거들에 의하여 인정할 수 있는 다음과 같은 사실 내지 사정들을 종합하여 보면, 피고인이 피해자의 사회적 평가가 침해될 수 있는 허위사실을 공연히 적시한다는 점을 인식하였음에도 위와 같은 글과 사진을 게시함으로써 피해자의 명예를 훼손한 사실이 충분히 인정된다. 따라서 이 점을 지적하는 검사의 주장은 이유 있다.

① 피고인이 이름을 특정하지는 않았다고 하더라도 5·18민주화운동 당시 촬영된 사진 속의 인물을 북한특수군으로 지칭하는 행위는 특정인을 지목한 경우에 해당하므로, 피해자가 특정되었다.

② 사진 속 인물이 피고인이 주장하는 북한특수군인지 여부는 시간적, 공간적으로 특정된 사실로서 증거에 의하여 증명이 가능하므로, 사실의 적시에 해당한다.

③ 피해자 김진순은 당심 법정에 증인으로 출석하여, '사진 속 인물은 증인이 맞다', '증인은 5·18민주화운동 당시 광주에서 아들 망 이용충과 함께 살고 있었는데, 망 이용충이 1980. 5. 21. 27세의 나이로 사망하였고, 증인은 당시 아들을 찾으러 다니고

있었다'는 취지로 진술하였다. 피해자의 나이가 고령이어서 세부적인 사정과 관련해 기억하지 못하는 부분도 있으나, 사진 속 인물이 본인이라는 점에 관하여는 분명하게 여러 차례 진술하였고, 달리 이와 모순된 사정은 보이지 아니하므로, 피해자의 진술은 신빙성이 있다. 따라서 사진 속 인물은 피해자라고 인정할 수 있다.

한편, 피고인은 얼굴비교분석결과를 근거로 사진 속 인물이 북한특수군 이을설이라고 주장하나, 앞서 본 바와 같이 위 분석결과는 믿기 어렵고, 달리 피고인의 주장을 뒷받침할 만한 객관적인 자료는 존재하지 아니한다.

따라서 이 부분 게시글은 허위의 사실에 해당하고, 피고인은 위 게시글이 허위라는 사실을 인식하고 있었다고 봄이 상당하다.

④ 앞서 본 바와 같은 5·18민주화운동의 역사적 의의, 사법적 평가 등과 북한특수군이 5·18민주화운동에 개입한 정황에 관한 객관적 증거가 전혀 없는 점, 피고인의 얼굴비교분석결과도 믿기 어려운 점 등에 비추어 볼 때 비방의 목적도 인정할 수 있다.

라. 피고인들의 피해자 장철현(장진성)에 관한 정보통신망이용촉진및정보보호등에관한법률위반(명예훼손)죄에 대한 판단

1) 사실 적시 여부

피고인 지만원은, '국정원은 장진성을 위장 간첩 혐의로 조사하라'는 제목으로, 5·18민주화운동 당시 촬영된 여러 사람들이 모여 있는 사진 속 이름을 알 수 없는 어린이 1명을 피해자(제382광수)라고 지칭하면서, '제381, 382, 383광수, 배타적 집단을 이룬 광수들로서 주로 10세~20세 사이의 소년병들의 집단임', '1980년 광주에서 찍은 사진들 중에는 9세의 장진성 얼굴이 똑똑히 보인다', '장진성은 9살 때 광주에 와서 사

 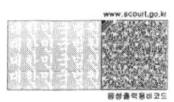

진을 찍었다. 그는 스스로가 이 사실을 밝히지 않았다'라는 글을 게시하였는바, 이는 '피해자는 광주민주화운동 당시 북한에서 소년병으로 파견된 적이 있는 사람'으로서, 진정한 탈북자가 아니라, '위장탈북자'라는 의미이다. 피해자가 5·18민주화운동 당시 북한에서 광주로 파견된 소년병이었는지, 사진 속 어린이가 피해자인지 여부는 증거에 의한 입증이 가능하다. 뿐만 아니라 2004년경 대한민국에 자진 입국한 진정한 탈북자를, 광주민주화운동 당시 소년병으로 파견된 적 있는 '위장탈북자'라고 표현하는 것은 피해자의 사회적 가치 내지 평가가 침해될 가능성이 있는 구체적 사실에 해당한다. 따라서 이 부분 게시 글은 구체적인 사실의 적시라고 보아야 한다. 피고인들의 이 부분 주장은 받아들일 수 없다.

2) 허위사실인지 여부

원심은, 피해자는 원심 법정에 증인으로 출석하여 '해당 사진 속 인물은 증인이 아니다. 증인은 1980. 5.경 5·18민주화운동 당시 북한에 거주하였다', '증인은 평양음악무용대학과 김일성종합대학 시창작과를 졸업하고 조선중앙방송 기자를 거쳐 통일전선부에서 근무하던 중 2004. 1.경 탈북하여 한국으로 왔다'는 취지로 진술하면서 자신의 성장과정, 학력, 경력, 직업 및 탈북경위와 과정에 관하여 매우 구체적이고 상세하게 진술하고 있고, 이와 모순된 사정은 보이지 않으므로, 피해자의 진술은 신빙성이 인정되고, 따라서 피고인들의 게시글이 허위인 사실이 인정된다고 판단하였다.

살피건대, 원심의 위와 같은 판단을 기록과 대조하여 면밀히 살펴보면, 피해자의 진술의 신빙성을 인정한 원심의 판단은 정당한 것으로 수긍이 가고, 달리 위 진술의 신빙성 유무에 관한 원심의 판단을 그대로 유지하는 것이 현저히 부당하다고 볼 만한 사정이 없다.

나아가, 국립과학수사연구원의 2016. 7. 11.자 디지털분석감정서에 의하면, 영상물 감정에서 인물 간 동일인 여부를 판단하려면 얼굴 특징점(눈, 코, 입, 귀 및 얼굴선 등)과 신체 특징점(키, 체형 등)의 형태와 상대적 위치 관계를 윤곽선 대조나 중첩 및 계측시험 등으로 검사하여야 하나, 피고인이 제시한 각 사진을 서로 비교하여 볼 때, 비교 인물 간 촬영 조건이 상이하고 해상도가 낮아 감정물만으로는 정확한 얼굴 특징점 비교가 곤란하고, 촬영 시기의 상당한 차이 등으로 인해 비교 가능한 인물의 특징점도 부족하며, 세밀한 얼굴 특징점 비교가 이뤄지지 못해 두 인물 간 동일인 여부를 판단하기 어렵다는 것이다. 그런데 '노숙자담요'는 이와 같이 해상도가 낮은 위 각 사진으로 얼굴을 비교분석하였는바, 결국 사진 속 어린이와 피해자가 동일인이라는 노숙자담요의 분석결과는 그 자체로 믿기 어렵다. 따라서 피고인들의 이 부분 주장은 이유 없다.

3) 허위의 인식이 있는지 여부

피고인 손상대는, 피고인 지만원의 주장을 진실한 것으로 믿었고 그렇게 믿은 데에 상당한 이유가 있다고 주장한다. 그러나 앞서 본 것과 같이, 피고인들은 전혀 연관이 없거나 객관적 신빙성이 없는 자료들만을 근거로 '피해자는 북한특수군 내지 북한군 고위관료'라는 사실을 단정하여 적시하였던 점, 피고인 지만원은 5·18민주화운동에 관하여 허위사실을 적시하여 명예훼손하였다는 범죄사실로 수 회 유죄판결을 선고받아 확정되었음에도, 위 글을 게시하면서 사실관계를 제대로 확인하지 아니하였던 것으로 보이는 점, 피고인 손상대 역시 위와 같은 사정을 알았거나 알 수 있었음에도 위 글이 진실한 것인지 확인하는 절차를 별도로 거치지 않은 것으로 보이는 점 등을 고려하면, 피고인 손상대가 위 게시글을 진실이라고 믿었다거나, 그렇게 믿은 데에 상당한

이유가 있다고 보기 어렵다. 따라서 피고인 손상대의 이 부분 주장은 이유 없다.

4) 비방의 목적이 있는지 여부

원심은, 앞서 본 바와 같은 5·18민주화운동의 역사적 의의, 사법적 평가 등과 북한특수군이 5·18민주화운동에 개입한 정황에 관한 객관적 증거가 전혀 없는 점, 피고인 지만원이 근거로 들고 있는 얼굴비교분석결과는 믿기 어려운 점 등에 비추어 볼 때, 피고인들에게 허위의 인식과 비방의 목적이 있는 것으로 보아야 한다고 판단하였다.

원심의 위와 같은 판단을 기록과 대조하여 면밀히 살펴보면, 원심의 위와 같은 판단은 정당한 것으로 수긍할 수 있다. 피고인들의 이 부분 주장은 받아들이지 않는다.

5) 정당행위 해당 여부

가) 피고인 지만원

위에서 인정한 사실 및 사정들로부터 추단되는, 피고인 지만원이 이 부분 게시글을 게재한 경위 및 동기, 위 게시글의 내용 및 표현, 이로 인하여 피해자가 입은 피해의 정도 등을 종합하여 보면, 피고인 지만원의 행위가 동기나 목적의 정당성, 수단이나 방법의 상당성, 보호이익과 침해이익과의 법익균형성, 긴급성, 보충성 등의 요건을 갖춘 정당행위라고 볼 수 없다. 따라서 피고인 지만원의 이 부분 주장은 받아들이지 않는다.

나) 피고인 손상대

대한민국은 자유민주주의 국가로, 언론의 자유가 중요한 헌법적 가치로서 존중, 보호되고 있고, 언론인은 그 지위와 역할에 맞는 공적책임을 부담하고 있다. 특히 인터넷 매체는 광범위하고 신속한 전파력을 가지고 있고, 그 내용이 확대, 재생산될 가

능성이 매우 크다는 점에서 방송 내용의 공정성과 공공성은 더욱더 유지되어야 한다. 그럼에도 피고인 손상대는 언론인으로서 최소한의 사실 확인을 위한 과정조차 수행하지 아니한 채 위와 같은 허위 사실을 게시하였으므로, 정당한 업무행위에 속한다고 볼 수 없다. 따라서 피고인 손상대의 이 부분 주장도 이유 없다.

마. 피고인 지만원의 피해자 망 김사복에 관한 사자명예훼손죄에 대한 판단

1) 사실 적시 여부

가) 원심의 판단

원심은, 이 부분 게시글의 전후 문맥에 비추어 보면, 피고인은 다른 사람의 의견을 전달한 것이 아니라, 피고인이 직접 피해자를 '간첩'으로 표현하거나, 다른 사람의 말을 전하는 형식으로 피해자를 '빨갱이', '간첩'으로 표현한 것이고, 피해자는, 피고인이 북한의 소행이라고 줄곧 주장해온 5·18민주화운동을 배경으로 한 영화 '택시운전사'의 주인공임을 감안할 때, 피고인은 피해자의 5·18민주화운동 당시의 행적이 북한과 긴밀하게 내통하였다는 사실을 '간첩', '빨갱이'라고 표현한 것이며, '김사복은 영원히 잠적해 있다. … 찾고 또 찾아도 영원히 숨었다. 무서운 사연이 있을 것이다'라는 표현 역시, 전후 문맥 등에 비추어 보면, 피해자가 간첩으로서 신분을 숨기기 위해 숨었다는 의미로 받아들여지므로, 이 부분 게시글은 구체적인 사실의 적시로 보아야 한다고 판단하였다.

나) 당심의 판단

(1) 객관적으로 보아 피해자의 사회적 평가를 저하시키는 사실에 관한 보도 내용이 소문이나 제3자의 말, 보도를 인용하는 방법으로 단정적 표현이 아닌 전문(傳聞) 또는 추측한 것을 기사화한 형태로 표현되었지만, 그 표현 전체의 취지로 보아 그

사실이 존재할 수 있다는 것을 암시하는 이상, 정보통신망 이용촉진 및 정보보호 등에 관한 법률 제70조 제2항에서 규정하는 '사실의 적시'는 있는 것이다. 이러한 경우 특별한 사정이 없는 한 보도내용에 적시된 사실의 주된 부분은 암시된 사실 자체라고 보아야 하므로, 암시된 사실 자체가 허위라면 그에 관한 소문 등이 있다는 것 자체는 진실이라 하더라도 허위의 사실을 적시한 것으로 보아야 한다(대법원 2008. 11. 27. 선고 2007도5312 판결 등 참조). 이러한 법리는 언론인 아닌 자에 의해 피해자의 사회적 평가를 저하시키는 사실이 적시된 경우에도 마찬가지로 적용되고, 형법상 사자명예훼손죄가 문제되는 경우에도 마찬가지라고 볼 것이다.

(2) '빨갱이'는 공산주의를 믿거나 주장하는 사람인 '공산주의자'를 속되게 이르는 말이다. 앞서 본 것과 같이, '공산주의자'의 사전적 의미는 '사유재산제도의 부정과 공유재산제도의 실현으로 빈부의 차를 없애려는 사상을 가진 사람'으로서, 어느 한 개인이 공산주의자인지 여부는 그 개념의 속성상 그가 가지고 있는 생각에 대한 평가일 수밖에 없는 측면이 있고, 분단국가인 우리나라에서 '공산주의자'는 북한과 연관 지어 사용되기도 하나, 그러한 경우라도 대한민국의 자유민주적 기본질서를 위협할 수 있는 다른 구체적인 사정에 대한 언급이 없는 이상, 그 사람의 명예를 훼손할만한 구체적 사실의 적시라고 쉽사리 단정할 수 없다(대법원 2021. 9. 16. 선고 2020도12861 판결).

한편, '간첩'의 문언적, 사전적 의미는 '한 국가나 단체의 비밀이나 상황을 몰래 알아내어 경쟁 또는 대립 관계에 있는 국가나 단체에 제공하는 사람'이다. 대한민국에서는 북한과 대치하고 있는 상황으로 인하여 '대한민국의 정체성과 정통성을 부정하는 반국가·반사회적 세력'과 같은 의미에서부터 '북한에 우호적인 사람' 등에 이르기

까지 그 시대적, 정치적 상황 및 발언하는 상황에 따라 그 의미가 다양하게 확장, 변용되어 왔다.

결국 '빨갱이', '간첩'이라는 용어를 사용하였다는 이유만으로 곧바로 사실의 적시라고 볼 수는 없고, 그 표현의 전체적인 내용과 문맥, 흐름 및 상황 등을 고려하여 단순히 북한에 우호적인 태도를 취하는 사람을 속되게 이르는 것을 넘어서 대한민국의 자유민주적 기본질서를 위협한다거나 적국을 위하여 국가기밀을 탐지·수집하는 행위를 하였다는 등의 의미로 사용된 것인지를 기준으로 사실의 적시인지 여부를 판단하여야 한다.

(3) 위 증거들에 의하여 인정할 수 있는 다음과 같은 사정들, 즉 ① 이 부분 게시글의 전체적인 내용과 문맥 등을 살펴보면, 위 게시글은, 피해자 망 김사복은 영화 '택시운전사'에서 5·18민주화운동의 '영웅'으로 묘사된 것과 달리, 사실은 '북한으로부터 내려와 5·18민주화운동에 개입한 사람'이라는 취지이고, ② 특히 '이 영화는 간첩(?) 김사복을 순수한 시민으로 세탁했다'는 부분은 피해자를 직접적·단정적으로 '간첩'이라 표현하고 있는 점, ③ 피고인은 '시스템 클럽' 인터넷 홈페이지 게시판에, "여기에서 중요한 요소는 촬영일자다. 다른 사람들보다 힌츠페터와 김사복이 함께 5월 11일(일) 여러 사람들과 함께 어울렸다는 것은 힌츠페터가 북한에 고용된 간첩일 것이라는 그간의 합리적 의혹을 사실화시켜주는 새로운 증거다"라는 글이나, "최근 힌츠페터와 김사복이 담긴 사진이 발견돼 인터넷을 도배하고 있다. … 촬영일자가 1975년이 맞다면 그는 5·18음모에 가담한 간첩이다. 이 사진에는 힌츠페터와 김사복, 함석헌, 계훈제의 얼굴이 있다. 함석헌과 계훈제는 '국민연합'(민주주의와 민족통일을 위한 국민연합, 1979. 3. 김대중이 결성)의 핵심이다. … 총알이 빗발치는 광주에 힌츠페터와 김사복은 2회씩이

나 갔다. 5월 20일에 갔고 23일에 갔다. 취재차원이 아니라 공작차원인 것이다."라는 글도 게시하였던 점 등을 종합하여 보면, 위 게시글은 이를 보는 인터넷 게시판 독자들로 하여금 피해자가 5·18민주화운동 당시 북한에 고용된 간첩으로서 힌츠페터와 함께 공작행위를 하였다고 오해하게 할 만한 내용으로서, 피해자에 대한 사회적 가치 내지 평가를 그르치게 할 가능성이 있는 구체적 사실을 드러낸 것이라고 봄이 타당하다(단순히 피해자를 빨갱이 내지 간첩으로 지칭하거나 풍자함으로써 피해자에 대한 추상적 판단이나 경멸적 감정을 표현한 것이라고 볼 수 없다). 피고인의 이 부분 주장은 받아들일 수 없다.

2) 허위사실인지 여부 및 허위의 인식이 있는지 여부

가) 원심은, 허위사실인지 여부에 관하여, 위 증거들에 의하면, 영화 '택시운전사'는 5·18민주화운동 당시 광주에서 실제 현장을 촬영하고 취재를 하여 5·18민주화운동의 진상을 세계에 알린 독일인 외신기자 힌츠페터와 택시운전사 김사복(영화에서의 이름은 김만섭)의 이야기를 다룬 영화인 사실, 힌츠페터는 1980. 5. 20.경 피해자와 함께 택시를 타고 광주에 잠입하여 5·18민주화운동의 현장을 촬영하는 등 취재를 한 후 같은 달 21.경 광주를 빠져 나와 같은 달 22.경 독일 본사로 사진필름을 보냈고, 같은 달 23.경 다시 광주에 잠입한 후 같은 달 27.경까지 광주에 머무르면서 취재를 하였으며, 피해자는 그 과정에서 힌츠페터가 광주에 잠입하고 취재를 하는데 있어 핵심적인 역할을 한 사실, 김승필은 피해자의 아들인 사실을 각 인정할 수 있는데, 위 각 인정사실에 의하면, 피해자는 힌츠페터와 함께 5·18민주화운동의 진상을 전세계에 알리는데 결정적인 공헌을 함으로써 5·18민주화운동에 참여한 것으로 평가할 수 있음에도, 피고인이 피해자를 '간첩', '빨갱이'로 칭하거나 마치 피해자가 간첩 신분을 숨기기 위하여

잠적하였다는 취지의 표현을 한 것은 허위의 사실이라고 판단하였다.

또한 원심은, 피고인에게 허위의 인식이 있는지 여부에 관하여, 피고인은, 피해자가 이적단체인 한국민주통일연합과 관련이 있고, 힌츠페터는 2015. 10. 10. 평양에서 열린 북한노동당 창건 70주년 기념행사에 찍힌 사진 속 인물(601광수)과 동일인으로 북한의 5·18국제선전전요원인데 5·18민주화운동 당시 한국민주통일연합의 사주를 받고 광주에 잠입하였다는 취지로 주장하면서 피고인의 위 게시글은 사실이라고 주장하나, 피고인은 피해자가 북한에 대한 이적행위를 하거나 간첩행위를 한 사실에 대하여 아무런 근거를 제시하지 못한 점, 앞서 본 바와 같이 피해자와 힌츠페터는 5·18민주화운동의 역사적 진실을 세계에 알리는 등 공헌을 한 점, 힌츠페터는 1937. 7. 6.생으로 위 사진이 찍힌 2015. 10. 10.경에는 이미 78세인바 사진 속 인물과 나이 차이가 많이 나는 것으로 보여 도저히 같은 인물로 보기 어려운 점, 앞서 본 바와 같은 이유로 피고인이 주장하는 얼굴비교분석결과에 신빙성을 인정하기 어려운 점 등에 비추어 보면, 피고인의 위 주장은 받아들일 수 없고, 피고인에게 허위의 인식도 있는 것으로 보아야 한다고 판단하였다.

나) 나아가, 피고인은 수사기관에서, 위 글을 게시하게 된 경위에 관하여, '사람들이 그렇게 말했기 때문에 본인의 의견을 쓴 것이다. 당시에는 김사복의 정체를 몰랐고 단지 간첩일까 빨갱이일까라는 설이 돌았기 때문에 그렇게 쓴 것'이라는 취지로 진술하였는바, 결국 피고인은 소문에 근거하여 위와 같은 게시글을 작성하였다는 것이 된다. 이처럼 피고인이 위 글의 내용이 허위라는 사실을 인식한 것으로 보는 이상, 피고인이 이 부분 글 게시 당시 피해자 망 김사복이 사망하였다는 사실은 알지 못하였다고 하더라도 사자명예훼손죄가 성립하는 데 영향이 없다. 따라서 원심의 위와 같은 판

단은 정당한 것으로 수긍할 수 있고, 피고인의 이 부분 주장은 받아들이지 않는다.

3) 비방의 목적이 있는지 여부

피고인은 떠도는 소문에만 근거하여 위 게시글을 작성하였던 점, 달리 피해자가 5·18민주화운동 당시 북한에 고용된 간첩이라고 볼 증거가 전혀 없는 점, 피해자가 국가의 운명에까지 영향을 미칠 만한 국가·사회적 영향력을 가진 공적인 존재여서 그가 가진 정치적 이념이 철저히 공개되고 검증되어야 한다고 볼 수도 없는 점 등을 고려하면, 피고인에게는 비방의 목적도 인정된다. 따라서 피고인의 이 부분 주장도 받아들일 수 없다.

4) 정당행위 해당 여부

원심이 적법하게 채택하여 조사한 증거들에 의하여 인정되는 다음과 같은 사정들, 즉 ① 피고인은, 피해자가 스스로 나타나지 아니하였다는 점만을 근거로, 위와 같은 내용의 글을 게시한 것인바, 그 동기나 목적의 정당성을 인정하기 어려운 점, ② 위 글은 전파성이 높은 인터넷 사이트에 게시되었고, 그 표현도 악의적이어서 그 수단이나 방법이 상당하다고 보이지 않는 점, ③ 피고인의 위 표현으로 인하여 피해자의 법익이 침해된 정도도 중대하다고 판단되는 점, ④ 달리 피고인이 긴급하고 불가피한 상황에서 위와 같은 표현을 한 것이라고 볼 만한 사정도 없는 점 등을 종합하여 보면, 피고인의 행위가 형법 제20조에서 규정한 사회상규에 위배되지 아니하는 정당행위라고 할 수 없다. 피고인의 이 부분 주장도 받아들이지 않는다.

바. 피고인 지만원의 피해자 추혜성, 백종환에 관한 상해죄에 대한 판단

1) 공소권 남용 여부

가) 형사소송법 제247조 제1항은 '검사는 형법 제51조의 사항(피의자의 연령·

성행·지능과 환경, 피해자에 대한 관계, 범행의 동기·수단과 결과, 범행 후의 정황) 등을 참작하여 공소를 제기하지 아니할 수 있다'라고 규정하고 있으므로 검사에게는 소추재량권이 법률로서 부여되어 있지만, 검사가 자신에게 부여된 소추재량권을 현저히 일탈하여 행사하였다고 보이는 경우에는 이를 공소권의 남용으로 보아 공소제기의 효력을 부인할 수 있을 것이나, 여기서 말하는 자의적인 공소권의 행사라고 함은 적어도 미필적이나마 어떤 의도가 있어야 한다(대법원 1999. 12. 10. 선고 99도577 판결 등 참조). 따라서 어떤 사람에 대하여 공소가 제기된 경우 그 공소가 제기된 사람과 동일하거나 다소 중한 범죄구성요건에 해당하는 행위를 하였음에도 불기소된 사람이 있다는 사유만으로는 그 공소의 제기가 평등권 내지 조리에 반하는 것으로서 공소권 남용에 해당한다고 할 수 없다(대법원 2006. 12. 22. 선고 2006도1623 판결 등 참조).

나) 살피건대, 이 사건 범행은, 피고인이 법정경위들의 보호를 받으며 2층 현관으로 이동하는 과정에서, 피고인이 자신에게 항의하는 피해자 추혜성의 얼굴을 먼저 때린 사건과, 법원 밖에서 택시를 타러 가려는 피고인과 이를 제지하며 피고인에게 항의하는 피해자 백종환 사이에 벌어진 몸싸움 도중 피고인이 피해자 백종환의 가슴 부위를 가격한 사건인바, 비록 이에 앞서 피고인 측과 5월 단체(5·18민주유공자유족회, 5·18민주화운동부상자회, 5·18구속부상자회) 회원들 사이에 법원 5층에서 격렬한 몸싸움이 한 차례 있었고, 그 과정에서 피고인은 수십 명의 5월 단체 회원들에게 둘러싸여 멱살을 잡히거나 폭행을 당하였는데, 이와 같이 피고인을 폭행한 다른 사람들은 기소되지 않은 사실이 있었다 하더라도, 위의 집단적인 몸싸움에서 벗어난 상황에서 피고인이 먼저 피해자 추혜성에게 폭력을 행사한 점, 피해자 백종환이 입은 상해의 정도가 가볍다고 할 수 없는 점 등을 고려하면, 피고인의 위 폭행행위들에 대한 검사의 이 사

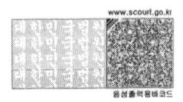

건 공소제기가 소추재량권을 현저히 일탈한 것이라거나 피고인의 평등권을 침해하는 것이라고 볼 수는 없다.

다) 원심은 위 공소권 남용 주장을 명시적으로 배척하지는 않았으나, 이 사건 공소제기가 공소권남용이 아님을 전제로 이 부분에 대해 판단하였음을 알 수 있다. 결국 피고인의 이 부분 주장은 이유 없다.

2) 피해자 백종환에 관한 범행에 대한 판단

가) 상해 사실 및 고의 인정 여부

상해죄의 성립에는 상해의 원인인 폭행에 대한 인식이 있으면 충분하고 상해를 가할 의사의 존재까지는 필요하지 않다(대법원 2000. 7. 4. 선고 99도4341 판결 참조).

피고인은 원심에서도 동일한 취지의 주장을 하였는바, 원심은, 2017고단4705 증거기록 109면의 CD동영상에 의하면, 피고인이 당시 재판을 마치고 5층 법정에서 나올 때 피고인 측이 '빨갱이'라는 표현이 들어간 말을 하자 피고인 측과 5월 단체 회원들 수십명 사이에 감정이 격화되어 격렬한 몸싸움이 벌어진 사실, 피고인은 5월 단체 회원들이 계속 쫓아오자 현관문 밖의 폐기장에 잠시 몸을 숨기고 있다가 택시를 타기 위해 밖으로 나왔고, 그 때 피해자 백종환이 피고인에게 다가와 항의하면서 서로 손을 맞잡으면서 몸싸움을 하는 도중 피고인이 갑자기 피해자 백종환의 가슴 부위를 한차례 가격한 사실(위 동영상 03:56~04:02)이 각 인정되고, 위 각 인정사실과 피해자 백종환의 진단서 발급 경위 등에 비추어 보면, 피고인이 피해자 백종환에게 공소사실 기재와 같은 상해를 가한 사실이 인정된다고 판단하였다.

원심의 위와 같은 판단을 기록과 대조하여 면밀히 살펴보면, 원심의 판단은

정당한 것으로 수긍할 수 있다. 피고인의 이 부분 주장은 받아들이지 않는다.

나) 정당방위 인정 여부

(1) 형법 제21조 제1항의 '정당방위'로 인정되기 위해서는 그 행위가 자기 또는 타인의 법익에 대한 현재의 부당한 침해를 방어하기 위한 것으로서 상당성이 있어야 하고, 방위행위가 사회적으로 상당한 것인지 여부는 침해행위에 의해 침해되는 법익의 종류, 정도, 침해의 방법, 침해행위의 완급과 방위행위에 의해 침해될 법익의 종류, 정도 등 일체의 구체적 사정들을 참작하여 판단하여야 한다(대법원 2003. 11. 13. 선고 2003도3606 판결 등 참조).

한편, 가해자의 행위가 피해자의 부당한 공격을 방위하기 위한 것이라기보다는 서로 공격할 의사로 싸우다가 먼저 공격을 받고 이에 대항하여 가해하게 된 것이라고 봄이 상당한 경우, 그 가해행위는 방어행위인 동시에 공격행위의 성격을 가지므로 정당방위라고 볼 수 없다(대법원 2011. 5. 13. 선고 2010도16970 판결 참조).

(2) 원심은, 기록에 의하면, 당시 피고인이 수십 명의 5월 단체 회원들에게 둘러싸여 몸싸움을 하는 도중에 멱살을 잡히거나 폭행을 당하기도 한 사실은 인정되나, 피고인이 피해자에게 폭력을 행사할 당시는 집단적인 몸싸움을 하는 상황에서 벗어나 다른 곳으로 이동 중인 상황이거나 법정경위들의 보호를 받고 있었던 상황이었던 점, 피고인이 먼저 피해자에게 폭력을 행사한 점 등에 비추어 보면, 피고인의 위와 같은 행위는 단순한 방어행위에 그치지 않고, 공격행위의 성격도 가지고 있었음이 인정될 뿐만 아니라, 그 수단이나 방법이 상당하다고 보이지 아니하고, 긴급성 내지 다른 수단이나 방법이 없다는 보충성을 갖췄다고 볼 수도 없으므로, 정당방위 내지 사회상규에 위배되지 아니하는 정당한 행위로서 위법성이 조각된다고 할 수 없다고 판단하였

다.

(3) 원심의 위와 같은 판단을 기록과 대조하여 면밀히 살펴보고, 나아가 위 CD동영상에 의하여 확인되는 피고인이 행사한 폭행의 양상(피고인은 맞잡은 피해자의 손을 뿌리친 후 곧바로 오른쪽 손을 주먹 쥐고 팔을 앞으로 뻗어 피해자의 상체를 가격하였다)이 방어행위에 불과하다고 보기 어려운 점까지 더하여 보면, 원심의 판단은 정당한 것으로 수긍할 수 있다. 피고인의 이 부분 주장도 받아들이지 않는다.

3) 피해자 추혜성에 관한 범행에 대한 판단

가) 상해의 점에 관한 판단

(1) 이 부분 공소사실의 요지

피고인은 2016. 5. 19. 10:00경 서울 서초구 서초중앙로 157 서울중앙지방법원 2층 보안검색대 앞에서, 자신의 발언에 항의하며 자신을 뒤따라온 피해자 추혜성의 얼굴을 주먹으로 때려 피해자 추혜성에게 약 2주간의 치료를 요하는 구강부 열상 등을 가하였다.

(2) 판단

(가) 관련 법리

형사재판에 있어서 유죄의 인정은 법관으로 하여금 합리적인 의심을 할 여지가 없을 정도로 공소사실이 진실한 것이라는 확신을 가지게 할 수 있는 증명력을 가진 증거에 의하여야 하고 이러한 정도의 심증을 형성하는 증거가 없다면 설령 피고인에게 유죄의 의심이 간다 하더라도 피고인의 이익으로 판단할 수밖에 없다(대법원 2000. 2. 25. 선고 99도4305 판결 등 참조).

상해죄의 성립에는 상해의 고의와 신체의 완전성을 해하는 행위 및 이

로 인하여 발생하는 인과관계 있는 상해의 결과가 있어야 하므로 상해죄에 있어서는 신체의 완전성을 해하는 행위와 그로 인한 상해의 부위와 정도가 증거에 의하여 명백하게 확정되어야 한다(대법원 1982. 12. 28. 선고 82도2588 판결 등 참조).

상해죄의 상해는 피해자의 신체의 완전성을 훼손하거나 생리적 기능에 장애를 초래하는 것을 의미한다. 폭행에 수반된 상처가 극히 경미하여 폭행이 없어도 일상생활 중 통상 발생할 수 있는 상처나 불편 정도이고, 굳이 치료할 필요 없이 자연적으로 치유되며 일상생활을 하는 데 지장이 없는 경우에는 상해죄의 상해에 해당된다고 할 수 없다. 그리고 피해자의 신체의 완전성을 훼손하거나 생리적 기능에 장애를 초래하였는지는 객관적, 일률적으로 판단할 것이 아니라 피해자의 연령, 성별, 체격 등 신체, 정신상의 구체적 상태 등을 기준으로 판단하여야 한다(대법원 2000. 2. 25. 선고 99도4305 판결, 대법원 2005. 5. 26. 선고 2005도1039 판결 등 참조).

(나) 원심의 판단

원심은, 앞서 본 동영상에 의하면, 피고인 지만원이 당시 재판을 마치고 5층 법정에서 나올 때 피고인 측이 '빨갱이'라는 표현이 들어간 말을 하자 피고인 측과 5월 단체 회원들 수십명 사이에 감정이 격화되어 격렬한 몸싸움이 벌어졌고, 피고인이 법정경위들의 보호를 받으며 2층 현관으로 나올 때 그곳에 있던 피해자 추혜성이 '당신 사람이여'라고 항의하자 피고인이 빠른 걸음으로 지나가면서 오른손을 피해자 추혜성 얼굴 쪽으로 휘저은 사실, 이에 추혜성은 '어딜 때려'라고 항의하면서 피고인의 뒤를 쫓아가 피고인의 등 부위를 한 차례 때린 사실(위 동영상 02:21~02:27)이 각 인정되고, 위 각 인정사실과 피해자 추혜성의 진단서 발급 경위 등에 비추어 보면, 피고인이 피해자 추혜성에게 공소사실 기재와 같은 상해를 가한 사실이 인정된다고 판단하였다.

(다) 당심의 판단

위 인정사실들과 증거들에 의하면, 피고인이 공소사실 기재 일시, 장소에서 오른손을 피해자 추혜성의 얼굴 쪽으로 휘저어 피해자의 오른쪽 뺨을 가격하였고 (위 동영상 05:03~05:05, 06:19~06:23), 피해자가 2016. 5. 19.경 우측 상완부 좌상, 좌측 상완부 좌상, 좌측 하지 좌상, 구강부 열상 등 약 2주간의 치료를 요하는 상해를 입은 사실을 인정할 수 있으나, 나아가 피고인이 피해자에게 상해를 가하였는지 여부에 관하여 살피건대, 앞서 본 증거들에 의하여 인정되는 아래의 사정들을 종합하여 보면, 검사가 제출한 증거들만으로는, 피해자가 입은 '좌상'들이 피고인의 행위로 인하여 발생한 것이라는 인과관계를 인정하기 부족하다. 한편, 피해자가 입은 구강부 열상은, 피고인의 행위로 인해 발생한 것이라고 보더라도, 위 상처만으로 피해자의 신체의 완전성이 훼손되거나 생리적 기능에 장애가 초래되었다고 보기 어렵다. 결국 검사가 제출한 증거들만으로는, 피고인이 피해자에게 상해를 가한 사실이 합리적 의심이 없을 정도로 증명되었다고 보기 어렵고, 달리 이를 인정할 만한 증거가 없다. 피고인의 이 부분 주장은 이유 있다.

① 위 CD동영상에 의하면, 피고인이 2층 현관 보안검색대 부근을 지나면서 피해자의 얼굴 우측 부위를 때린 사실을 인정할 수 있으나, 그 외에 어깨나 팔, 다리 등 다른 부위를 때린 장면은 발견되지 않는다.

② 피해자의 진술에 의하더라도, 피해자는 피고인으로부터 한 차례 주먹으로 얼굴(오른쪽 뺨 부분)을 가격당하였다는 것이고, 나머지 부위는 피고인 측 일행들에 의하여 다치게 되었다는 것이다.

③ 피해자에 대한 진단서에는 "위 자는 상병명으로 2016년 5월 19일부

167

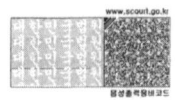

터 본원에 내원 치료받은 자로, 당시 우측 상완부에 3×3cm, 좌측 상완부에 3×2cm, 좌측 하퇴부에 4×3cm 크기의 피하출혈 및 종창이 있었으며, 구강부 볼점막부위에 1×0.5cm 크기의 열상이 있었음. 당시 특별한 합병증이 발생하지 않는 한 수상일로부터 약 2주간의 안정가료 및 치료를 요할 것으로 사료되었던 자임."이라고 기재되어 있다.

④ 피해자는 사건 당일 육안으로 상처 부위를 확인하고 약을 타왔을 뿐, 이후 별도로 병원에서 치료를 받지는 않은 것으로 보이고, 피해자 스스로도 병원 갈 정도의 상처는 아니었다고 진술한 바 있다.

⑤ 위 진단서는 상처가 발생한 때인 2016. 5. 19.경으로부터 5개월이 지난 2016. 10. 19.경 비로소 발행되었는바, 피해자 추혜성은 그 경위에 관하여 당초 피고인을 고소할 생각이 없었다가 수사기관의 요구에 따라 뒤늦게 이를 발급받았다고 진술하였다.

나) 축소사실인 폭행의 점에 관한 판단

법원은 공소사실의 동일성이 인정되는 범위 내에서 공소가 제기된 범죄사실에 포함된 것보다 가벼운 범죄사실이 인정되는 경우에 심리의 경과에 비추어 피고인의 방어권 행사에 실질적 불이익을 초래할 염려가 없다고 인정되는 때에는 공소장이 변경되지 않았더라도 직권으로 공소장에 기재된 공소사실과 다른 공소사실에 관하여 판단할 수 있다(대법원 2011. 7. 28. 선고 2009도9122 판결 등 참조).

앞서 본 바에 따르면, 피고인이 이 부분 공소사실 기재 일시, 장소에서 피해자를 폭행한 사실을 충분히 인정할 수 있다. 당초의 공소사실에는 그 기본적 사실관계가 동일한 범위 내에 속하는 위 폭행사실이 그대로 포함되어 있고, 이 사건의 심리 경

과에 비추어 공소장 변경 절차 없이 피고인을 폭행죄로 처벌하더라도 피고인의 방어권 행사에 실질적인 불이익을 초래할 염려가 없으므로, 직권으로 공소사실에 포함된 축소사실인 폭행죄를 유죄로 인정한다.

사. 피고인 지만원의 피해자 지용에 관한 2018. 5. 23.경 정보통신망이용촉진및정보보호등에관한법률위반(명예훼손)의 점

1) 공소사실의 요지

피고인은 2018. 5. 23. 13:33경 위 인터넷 홈페이지인 '지만원의 시스템클럽' 게시판에 【지용, 반공인사 지□□씨 이름 더럽히지 말라】라는 제목으로 피해자 지용을 "5월 23일, 오전 연합뉴스가 '내가 바로 73광수(오극렬 인민군 대장)'라고 주장한 지용(76)을 높이 띄웠다. 그가 지△△씨의 손자이고, 지□□(91)씨의 친동생인데 지△△씨는 호남의 부호로 손꼽혔고, … 그가 나를 고소하는 건 조금도 개의치 않는다. 하지만 그가 연합뉴스가 훌륭하다고 내세운 할아버지와 형의 얼굴에 먹칠을 한 후레인간이라는 것은 좀 안타까운 일이다. 지□□씨의 동생이 어떻게 이토록 덜 떨어질 수 있는가. 나는 지□□씨를 만나보지는 못했지만 그를 높이 평가하고 있었다. 벌써부터 상황적 알리바이가 맞지 않는 것들이 나타나 있다. 헬기사격을 대낮에 보았다는 것, 대검으로 사람을 찔렀다는 것 그리고 27일 새벽에 집으로 옷을 갈아입으러 갔다는 것, 이 세 가지는 새빨간 거짓말이다. 그의 얼굴은 제73광수일 수 없고, 가장 두드러진 부분은 그의 코가 돼지코를 빼닮은 들창코라는 사실이다. … 지용은 나이 들어 헤프게 놀아나지 말고 조상과 형님의 명예를 지키기 바란다."라는 글을 게시하여 마치 당시 민주화운동 현장에 참여한 피해자가 광주에 침투한 북한 특수군 오극렬과 동일 인물이고, 훌륭한 할아버지와 형의 얼굴에 먹칠을 한 후레인간이며, 5·18민주화운동 당시 목격한 사실이

모두 거짓인 것처럼 허위의 사실을 적시하였다.

그러나 사실 피해자는 북한특수군이 아니라 당시 민주화운동 현장에 참여한 시민이고, 5·18민주화운동 당시 목격한 사실을 그대로 증언함으로써 할아버지와 형의 얼굴에 먹칠을 한 것이 아니었다.

이로써 피고인은 사람을 비방할 목적으로 정보통신망을 통하여 공공연하게 거짓의 사실을 드러내어 피해자의 명예를 훼손하였다.

2) 판단

가) 원심의 판단

원심은, 이 부분 공소사실 중 아래 이유무죄 부분을 제외한 나머지 부분에 관하여 ㉠ 사진 속 인물이 피고인이 주장하는 북한특수군인지 여부는 시간적, 공간적으로 특정된 사실로서 증거에 의하여 증명이 가능하므로 사실의 적시에 해당되고, ㉡ 피해자가 원심 법정에서 자신이 5·18민주화운동 당시 맡은 역할, 해당 사진이 촬영되었을 당시의 현장 상황, 당시 촬영 장소에 있게 된 사정 등에 관하여 구체적이고 상세하게 진술을 하였고, 이와 모순된 사정이 보이지 않는 점, 피고인이 제출한 자료만으로는 피해자의 원심 법정에서의 진술의 신빙성을 배척하기 부족한 점 등을 종합해 보면, 해당 사진 속 인물은 피해자라고 할 것이고, 따라서 피고인이 주장하는 사진 속의 인물이 북한특수군 오극렬이라는 취지의 게시글은 허위의 사실에 해당하며, 피고인은 위 게시글이 허위라는 사실을 인식하고 있었다고 판단하는 한편, ① '그(지용)가 연합뉴스가 훌륭하다고 내세운 할아버지와 형의 얼굴에 먹칠을 한 후레인간이라는 것은 좀 안타까운 일이다. 지□□씨의 동생이 어떻게 이토록 덜 떨어질 수 있는가. … 지용은 나이 들어 헤프게 놀아나지 말고 조상과 형님의 명예를 지키기 바란다.'는 표현과 ② '상

황적 알리바이가 맞지 않는 것들이 나타나 있다. 헬기사격을 대낮에 보았다는 것, 대검으로 사람을 찔렀다는 것 그리고 27일 새벽에 집으로 옷을 갈아입으러 갔다는 것, 이 세 가지는 새빨간 거짓말이다.'라는 표현 부분에 대하여서는, 위 ①번 표현은 사용된 어휘, 내용과 전후 문맥 등에 비추어 볼 때, 다소 경멸적인 표현을 사용하여 피고인의 의견 내지 주장을 피력한 것일 뿐 구체적인 사실 적시에 해당하지 않고, 위 ②번 표현은 5·18민주화운동 당시 헬기사격이 있었다는 취지의 피해자의 진술을 부정하는 의견을 강한 어조로 표현한 것으로서, 피해자의 진술을 부정하는 것 이외에 새로운 사실을 적시한 것으로는 보이지 않으므로 구체적인 사실 적시에 해당하지 않는다고 보아, 이유에서 무죄를 선고하였다.

나) 당심의 판단

살피건대, 원심이 피해자 지용에 관한 2018. 5. 21.자 정보통신망이용촉진및 정보보호등에관한법률위반(명예훼손)의 점에서 인정한 것과 같이, 2018. 5. 23.자 정보통신망이용촉진및정보보호등에관한법률위반(명예훼손)의 점 중 '사진 속 등장인물이 피해자가 아니라 북한특수군인 오극렬과 동일 인물'이라는 취지로 글을 게시한 부분은, 명시적으로 허위 사실을 적시하였거나, 적어도 의견 또는 논평을 표명함과 동시에 묵시적으로 그 전제가 되는 허위사실을 적시하였다고 인정할 수 있다.

한편 2018. 5. 23.자 정보통신망이용촉진및정보보호등에관한법률위반(명예훼손)의 점 중 위 ①, ②번 표현 부분은, 위 각 표현을 나머지 사실 적시 부분과 함께 읽어보더라도, '피해자의 주장은 거짓말이다' 또는 '피해자는 거짓말로 할아버지와 형의 명예에 누가 될 언동을 하지 말라'는 피고인의 주장 내지 의견을 넘어 구체적인 사실을 포함하고 있다고 보이지 않는바, 위 ①번 표현은 피해자의 행태가 부적절하여 할아

버지와 형의 명예에 누가 될 정도라는 취지로서 모욕적이거나 모멸적인 표현에 불과하다고 본 원심의 판단 부분과, 위 ②번 표현은 피해자의 주장 내지 증언을 피고인이 반박하는 것으로서, 피고인의 주관적 의견을 표명한 것에 불과하다는 원심의 판단 부분 역시 정당한 것으로 수긍할 수 있다.

따라서 여기에 피고인이 주장하는 사실오인 및 법리오해의 위법이나, 검사가 주장하는 사실오인 및 법리오해의 위법은 존재하지 않는다.

5. 쌍방의 양형부당 주장에 관한 판단(피고인 손상대에 대하여)

공판중심주의와 직접주의를 취하고 있는 형사소송법에서는 양형판단에 관하여도 제1심의 고유한 영역이 존재하므로, 제1심과 비교하여 양형의 조건에 변화가 없고 제1심의 양형이 재량의 합리적인 범위를 벗어나지 아니하는 경우에는 이를 존중함이 타당하다(대법원 2015. 7. 23. 선고 2015도3260 전원합의체 판결 참조).

위 법리에 비추어 살피건대, 당심에서 새로운 양형자료가 제출되지 아니하여 양형조건에 별다른 변화가 없는 점, 그 밖에 피고인 손상대의 나이, 성행, 환경, 범행의 동기와 경위, 수단과 결과, 범행 후의 정황 등 이 사건 기록과 변론에 나타난 양형의 조건이 되는 여러 사정들을 종합하여 보면, 원심의 양형이 너무 무겁거나 가벼워서 재량의 합리적인 범위를 벗어났다고 보이지 않는다. 피고인 손상대의 양형부당 주장과 검사의 피고인 손상대에 대한 양형부당 주장은 모두 이유 없다.

6. 결론

그렇다면 원심판결 중 피고인 손상대에 대한 부분에 관한 쌍방의 항소는 이유 없으므로, 형사소송법 제364조 제4항에 따라 이를 모두 기각하고, 원심판결 중 피고인 지만원에 대한 주문 무죄 부분[피해자 김진순에 관한 정보통신망이용촉진및정보보호등에

관한법률위반(명예훼손)의 점]에는 직권파기사유가 있을 뿐 아니라 검사의 사실오인 및 법리오해 주장도 이유 있고, 피해자 정형달, 남재희, 안호석, 이영선에 관한 정보통신망이용촉진및정보보호등에관한법률위반(명예훼손)의 점에 대한 검사의 사실오인 및 법리오해 주장도 이유 있으며, 위와 같이 유죄로 인정되는 정보통신망이용촉진및정보보호등에관한법률위반(명예훼손)의 점들과 나머지 원심 판시 죄들은 형법 제37조 전단 경합범으로서 하나의 형을 선고하여야 하므로, 쌍방의 양형부당 주장에 대한 판단을 생략한 채, 형사소송법 제364조 제2항, 제6항에 의하여 원심판결 중 피고인 지만원에 대한 유죄 부분(이유무죄 부분 포함)과 무죄 부분을 모두 파기하고[피해자 지용에 관한 2018. 5. 23.경 정보통신망이용촉진및정보보호등에관한법률위반(명예훼손)의 점 중 이유무죄 부분에 대한 검사의 항소는 이유 없으나, 이와 일죄 관계에 있는 나머지 2018. 5. 23.경 정보통신망이용촉진및정보보호등에관한법률위반(명예훼손)의 점 중 유죄 부분을 형법 제37조 전단 경합범임을 이유로 파기하는 이상, 주문에서 따로 이 부분에 대한 검사의 항소를 기각하지 않는다], 변론을 거쳐 다시 다음과 같이 판결한다.

【원심판결 중 피고인 지만원에 대한 유죄 부분(이유무죄 부분 포함)과 무죄 부분에 대하여 다시 쓰는 판결 이유】

범죄사실

이 법원이 인정하는 피고인 지만원에 대한 범죄사실은, 원심판결문 제3면 6행부터 제4면 9행까지의 "1. 책자 발행인에 대한 범행" 부분을 아래 표1과 같이 정정하고, 원심판결문 제5면 11행의 '심봉례'를 '심복례'로 고치며, 제5면 15행의 제목 "가. 피해자 박선재, 김규식, 김선문, 망 박동연, 양홍범, 김공휴에 대한 범행"은 "가. 피해자 박선재, 김규식, 김선문, 김진순, 망 박동연, 양홍범, 김공휴에 대한 범행"으로 고치고, 제6

면 2행부터 9행까지를 표2와 같이 정정하며, 원심판결문의 '별지 범죄일람표(2)'를 '별지 수정된 범죄일람표(2)'로 교체하고, 원심판결문 제8면 19행부터 제9면 12행까지를 아래 표3과 같이, 원심판결문 제12면 2행부터 같은 면 20행까지를 아래 표4와 같이 각 정정하는 외에는 원심판결 중 피고인 지만원에 대한 해당란 기재와 같으므로, 형사소송법 제369조에 의하여 이를 그대로 인용한다.

표1

1. 책자 발행인에 대한 범행

피고인은 2014. 11. 16.경 서울 서초구 방배로27길 27 동우빌딩 503호에서, 위 '시스템클럽' 인터넷 홈페이지 게시판에, "5.18 광주의 유언비어는 위장한 천주교 신부들이 담당"이라는 제목으로 "지금 이 나라의 운명을 재촉하는 반역의 신부조직이 두 개 있다. 하나는 정의구현사제단이고 다른 하나는 주교회의라는 천주교 정의평화위원회다. 광주에 끔직한 유언비어들을 제작해 퍼트린 조직은 북괴 정치공작원들과 '정의평화'로 위장한 천주교 신부 조직이다. '천주교 광주대교구 정의평화위원회(신부를 가장한 공산주의자들)'는 1987년 9월 '5월 그날이 다시 오면'이라는 제목의 컬러사진첩 발행을 통해 15개의 으깨진 얼굴의 컬러사진을 게재했고, 글자 메시지를 통해서는 이런 만행을 저지른 계엄군 및 당시 국가를 용서하지 말자고 호소하였다. 천주교 정의평화위원회 신부들이 북한과 공모 공동하고 있다는 피할 수 없는 증거인 것이다. 이런 시체들은 계엄군의 총에 맞은 시체가 아니라 저들이 모략용 사진을 만들기 위해 의도적으로 짓이겨진 주검들이다. 정의평화를 앞에 내건 광주신부들이 북한의 정치공작원들과 공동하여 만든 후 유포시킨 것이다. '천주교 정의평화위원회'는 지금도 대한민국을 파괴하고 사회적화를 위해 몸부림치고 있다. 이 특정 천주교 집단은 1995년 5월에도 '5월 광

주'라는 제목으로 또 다른 시체 사진첩을 제작했다. 5.18을 통한 국가파괴에 진력하고 있는 것이다. 불순하기 이를 데 없는 광주사람들은 지금도 이 혐오스런 사진들을 자꾸만 인쇄해서 국가에 대한 적개심을 심어주고 있다."라는 글을 게시하였다.

그러나 사실은 천주교 광주대교구 정의평화위원회(이하 '정의평화위원회'라고 한다) 소속 신부들은 신부를 가장한 공산주의자가 아닐 뿐더러, 5·18민주화운동과 관련하여 유언비어를 제작하여 퍼뜨리거나 북한의 정치공작원들과 공모 공동하여 의도적으로 주검을 짓이긴 모략용 사진을 만들어 유포시킨 사실이 없었으며, 대한민국을 파괴하고 사회 적화를 위해 어떠한 행동을 한 사실도 없었다.

이로써 피고인은 사람을 비방할 목적으로 정보통신망을 통하여 공공연하게 거짓의 사실을 드러내어 천주교 광주대교구 정의평화위원회 소속 신부들인 피해자 정형달, 남재희, 안호석, 이영선의 명예를 각각 훼손하였다.

표2

이를 비롯하여, 피고인은 2015. 6. 1.경부터 2016. 2. 10.경까지 별지 수정된 범죄일람표(2) 기재와 같이 총 7회에 걸쳐 위와 같은 방법으로 피해자 박선재, 김규식, 김선문, 김진순, 망 박동연, 양홍범, 김공휴가 각각 광주에 투입된 북한 특수군 최경성, 리병삼, 서대하, 이을설, 조명록, 김대식, 주규창인 것처럼 허위사실을 적시하였다.

그러나 사실은 피고인이 지목한 사진 속 등장인물인 피해자들은 북한 특수군이 아니라 당시 민주화운동 현장에 참여한 시민들이었다.

이로써 피고인은 사람을 비방할 목적으로 정보통신망을 통하여 공공연하게 거짓의 사실을 드러내어 피해자 박선재, 김규식, 김선문, 김진순, 양홍범, 김공휴의 명예를 훼손하고, 공연히 허위의 사실을 적시하여 사자인 피해자 망 박동연의 명예를 훼손하였다.

표3

2. 상해 및 폭행7)

피고인 지만원은 2016. 5. 19. 10:00경 서울 서초구 서초중앙로 157 서울중앙지방법원 제525호 법정에서 열린 피고인에 대한 정보통신망이용촉진및정보보호등에관한법률위반(명예훼손) 피고사건의 제1회 공판기일에 출석하였고, 위 공판에는 5·18민주화운동 부상자회 국장인 피해자 추혜성(58세), 위 단체의 이사인 피해자 백종환(54세) 등 5·18민주화운동 관련자들 30여 명이 재판을 방청하였다.

피고인은 위 일시경 재판을 마치고 위 법정을 퇴정하던 중, 위 방청객들을 향해 "일괄적으로 광주조폭 빨갱이가 똑같은 뱃지를 차고 재판장에 다 있구나"라고 말하였고, 위 방청객들은 퇴정하는 피고인을 뒤따라가며 "왜 우리가 빨갱이인지 답변하고 가라"며 항의를 하게 되었다.

피고인은 위 일시경 위 법원 2층 보안검색대 앞에서, 위 발언에 항의하는 피해자 추혜성의 얼굴을 주먹으로 때려 피해자 추혜성을 폭행하였고, 이를 본 피해자 백종환이 피고인을 붙잡자 주먹으로 그의 가슴을 때려 피해자 백종환에게 약 3주간의 치료를 요하는 갈비뼈골절상을 가하였다.

표4

---

7) 피해자 추혜성에 대한 범행에 관하여 직권으로 축소사실인 폭행의 범죄사실을 인정하므로, 그에 맞추어 범죄사실을 수정한다.

나. 피고인 지만원은 2018. 5. 23. 13:33경 위 인터넷 홈페이지인 '지만원의 시스템클럽' 게시판에 【지용, 반공인사 지□□씨 이름 더럽히지 말라】라는 제목으로 피해자 지용을 "5월 23일, 오전 연합뉴스가 '내가 바로 73광수(오극렬 인민군 대장)'라고 주장한 지용(76)을 높이 띄웠다. 그가 지△△씨의 손자이고, 지□□(91)씨의 친동생인데 지△△씨는 호남의 부호로 손꼽혔고, … 그가 나를 고소하는 건 조금도 개의치 않는다. … 나는 지□□씨를 만나보지는 못했지만 그를 높이 평가하고 있었다. … 그의 얼굴은 제73광수일 수 없고, 가장 두드러진 부분은 그의 코가 돼지코를 빼닮은 들창코라는 사실이다. …"라는 글을 게시하여 마치 당시 민주화운동 현장에 참여한 피해자가 광주에 침투한 북한 특수군 오극렬과 동일 인물인 것처럼 허위의 사실을 적시하였다.[8]

그러나 사실 피해자 지용은 북한 특수군이 아니라 당시 민주화운동 현장에 참여한 시민이었다.

이로써 피고인은 사람을 비방할 목적으로 정보통신망을 통하여 공공연하게 거짓의 사실을 드러내어 피해자의 명예를 훼손하였다.

증거의 요지

이 법원이 인정하는 피고인 지만원에 대한 증거의 요지는, 원심판결문 중 [2016고단9358] 부분에 '1. 당심증인 김진순의 법정진술'을 추가하는 외에는 원심판결의 해당란 기재와 같으므로, 형사소송법 제369조에 의하여 이를 그대로 인용한다.

법령의 적용

1. 범죄사실에 대한 해당법조 및 형의 선택

---
[8] 피고인의 방어권 행사에 실질적인 불이익을 초래할 염려가 없는 범위에서 공소사실을 일부 정정하였다.

각 정보통신망 이용촉진 및 정보보호 등에 관한 법률 제70조 제2항(명예훼손의 점), 각 형법 제308조(사자명예훼손의 점), 각 형법 제309조 제2항, 제1항, 제307조 제2항(출판물에 의한 명예훼손의 점), 형법 제257조 제1항(상해의 점), 형법 제260조 제1항(폭행의 점), 각 징역형 선택

1. 경합범처리

   형법 제37조 후단, 제39조 제1항

1. 경합범가중

   형법 제37조 전단, 제38조 제1항 제2호, 제50조

양형의 이유

명예훼손 부분과 관련하여, 피고인은 2003. 1. 28. 광주지방법원에서 '광주사태는 북한에서 파견한 특수부대원들이 일으킨 폭동이라는 취지의 광고문을 게시하여 광주민주화운동 유공자들의 명예를 훼손하였다'는 내용의 범죄사실로 출판물에의한명예훼손죄 등으로 징역 10월에 집행유예 2년을 선고받은 전력이 있고, 위 범죄전력 이외에도 피고인은 2007. 12. 20. 서울고등법원에서 출판물에의한명예훼손죄 등으로 징역 8월에 집행유예 2년을 선고받고, 2013. 5. 9. 서울중앙지방법원에서 사자명예훼손죄로 징역 6월에 집행유예 2년을 선고받는 등, 명예훼손 관련 범행으로 수차례 징역형의 집행유예, 벌금형을 선고받은 전력이 있음에도, 또다시 이 사건 범행들을 저질렀다. 한편, 피해자 정형달, 남재희, 안호석, 이영선은 5·18민주화운동 과정에서 희생된 시민들의 넋을 위로하고 5·18민주화운동의 역사적 진실을 알리기 위하여 1987년, 1995년 사진첩을 제작한 사람들이고, 피해자 박남선, 심복례, 망 백용수, 곽희성, 박선재, 김규식, 김선문, 김진순, 망 박동연, 양홍범, 김공휴, 양기남, 백종환, 박철, 지용은 5·18민주화운동 당시

시민군 등으로 직접 참여하였거나 5·18민주화운동으로 인하여 가족을 잃은 사람들인 바, 사진 속의 피해자들을 북한에서 파견된 '북한특수군'이라고 칭함으로써 결국 피해자들의 명예가 중대하게 훼손되었다고 볼 수 있는 점, 건전한 상식과 경험칙을 갖춘 일반인의 입장에서는, 피고인이 위 피해자들을 북한특수군이라고 지목하게 된 근거를 납득하기 어려운 점, 피고인이 전파성이 높은 인터넷 사이트를 이용하여 범행한 점 등을 감안하면, 죄질과 범정이 나쁘다. 이 사건 범행의 횟수가 적지 않을 뿐 아니라, 피고인은 아직까지 피해자들로부터 용서받지 못하였다. 상해 및 폭행 부분과 관련하여서도, 피고인은 피해자들로부터 용서받지 못하였다. 피고인은 이 사건들에 관하여 반성하는 것으로 보이지도 않는다.

다만, 명예훼손 부분에 관하여, 5·18민주화운동에 관한 법적, 역사적 평가가 이미 확립된 상태에서 이 사건 범행으로 인하여 5·18민주화운동과 그 참가자들에 대한 기존의 사회적 평가가 근본적으로 바뀌지는 않을 것으로 보이는 점, 상해 및 폭행 부분에 관하여, 피고인에게 동종 전과가 없고, 피고인 역시 범행 당시 피해자들 및 5월 단체 회원들로부터 폭행을 당한 것으로 보여, 경위에 다소 참작할 사정이 있는 점, 판결이 확정된 정보통신망이용촉진및정보보호등에관한법률위반(명예훼손)죄와 동시에 판결할 경우와의 형평을 고려하여야 하는 점, 피해자가 고령인 점 등을 유리한 양형요소로 반영하고, 그 밖에 피고인의 성행, 환경, 범행의 동기, 수단과 결과, 범행 후의 정황 등 이 사건 기록과 변론에 나타난 여러 양형요소들을 종합적으로 고려하여, 주문과 같이 형을 정한다.

무죄부분

1. 피해자 추혜성에 관한 상해의 점

이 부분 공소사실의 요지는 위 제4.바.3)가)(1)항 기재와 같은바, 위 공소사실은 위 제4.바.3)가)(2)항에서 살펴본 바와 같이 범죄의 증명이 없는 때에 해당하므로 형사소송법 제325조 후단에 의하여 무죄를 선고하여야 할 것이나, 이와 동일한 공소사실의 범위 내에 있는 판시 폭행죄를 유죄로 인정하는 이상 주문에서 따로 무죄를 선고하지 아니한다.

2. 피해자 지용에 관한 2018. 5. 23.경 정보통신망이용촉진및정보보호등에관한법률위반(명예훼손)의 점

가. 이 부분 공소사실의 요지

피고인 지만원은 2018. 5. 23. 13:33경 위 인터넷 홈페이지인 '지만원의 시스템클럽' 게시판에 【지용, 반공인사 지□□씨 이름 더럽히지 말라】라는 제목으로 피해자 지용을 "5월 23일, 오전 연합뉴스가 '내가 바로 73광수(오극렬 인민군 대장)'라고 주장한 지용(76)을 높이 띄웠다. 그가 지△△씨의 손자이고, 지□□(91)씨의 친동생인데 지△△씨는 호남의 부호로 손꼽혔고, … 그가 나를 고소하는 건 조금도 개의치 않는다. 하지만 그가 연합뉴스가 훌륭하다고 내세운 할아버지와 형의 얼굴에 먹칠을 한 후레인간이라는 것은 좀 안타까운 일이다. 지□□씨의 동생이 어떻게 이토록 덜 떨어질 수 있는가. 나는 지□□씨를 만나보지는 못했지만 그를 높이 평가하고 있었다. 벌써부터 상황적 알리바이가 맞지 않는 것들이 나타나 있다. 헬기사격을 대낮에 보았다는 것, 대검으로 사람을 찔렀다는 것 그리고 27일 새벽에 집으로 옷을 갈아입으러 갔다는 것, 이 세 가지는 새빨간 거짓말이다. … 지용은 나이 들어 헤프게 놀아나지 말고 조상과 형님의 명예를 지키기 바란다."라는 글을 게시하여 피해자가 훌륭한 할아버지와 형의 얼굴에 먹칠을 한 후레인간이며, 5·18민주화운동 당시 목격한 사실이 모두 거짓인 것처럼 허

 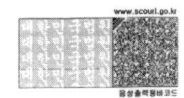

위의 사실을 적시하였다.

그러나 사실 피해자 지용은 5·18민주화운동 당시 목격한 사실을 그대로 증언함으로써 할아버지와 형의 얼굴에 먹칠을 한 것이 아니었다.

이로써 피고인은 사람을 비방할 목적으로 정보통신망을 통하여 공공연하게 거짓의 사실을 드러내어 피해자의 명예를 훼손하였다.

나. 판단

이 부분 공소사실은 위 제4.사.2)항에서 살펴본 바와 같이 범죄의 증명이 없는 때에 해당하므로, 형사소송법 제325조 후단에 의하여 무죄를 선고하여야 할 것이나, 이와 일죄 관계에 있는 [2019고단8398] 사건 제3의 나.항 기재 정보통신망이용촉진및정보보호등에관한법률위반(명예훼손)죄9)에 관하여 유죄를 선고하는 이상 주문에서 따로 무죄를 선고하지 아니한다.

재판장 판사 장윤선 _____

판사 김예영 _____

판사 장성학 _____

---

9) 다시 쓰는 판결 이유의 표4 부분

수정된 범죄일람표(2)

순번	범죄일시	범행방법	허위사실 내용
1	2015. 6. 1. 13:10경	시스템클럽(http://systemclub.co.kr) 인터넷 홈페이지에 『5.18.광수들 북한군 현역장성이 되다!(제7,8광수 발견!)』이라는 제목을 게재	5·18 민주화운동 당시 전남도청 앞에서 총기를 회수하고 있는 피해자(박선재)를 제8광수라고 표시한 후, 피해자가 북한 인민군 상장, 북한 11군단 군단장 최경성과 동일 인물이라는 취지의 허위 사실을 적시
2	2015. 6. 17. 07:46경	시스템클럽(http://systemclub.co.kr) 인터넷 홈페이지에 『전투준비 앞에 총 5.18. 광주 북한특수군(제37,38,40,42,58광수)!』라는 제목을 게재	5·18 민주화운동 당시 전남도청 앞에 서있는 피해자(김규식)를 '제42광수'로 표시한 후 북한 인민군 상장 리병삼의 사진으로 연결하고 피해자와 리병삼이 동일 인물이라는 취지의 허위 글과 사실을 적시
3	2015. 6. 22. 17:08경	시스템클럽(http://systemclub.co.kr) 인터넷 홈페이지에 『5.18 광주 북한특수군, 김정은의 비밀호위무사(제65광수)』라는 제목을 게재	5·18 민주화운동 당시 전남도청 현관 앞에서 총을 들고 서있는 피해자(김선문)을 '제65광수'로 표시한 후 피해자가 북한 국가안전보위부 부부장, 인민군 중장 서대하와 동일 인물이라는 취지의 허위사실을 적시
4	2015. 9. 6. 03:30경	시스템클럽(http://systemclub.co.kr) 인터넷 홈페이지에 『거짓통곡하는 김정일의 처형 성혜랑 포착(제162광수)!』라는 제목을 게재	5·18 민주화운동 당시 상무관에 안치된 아들(이용충)의 관을 발견한 후 울고 있는 피해자(김진순)를 제62광수라고 기재하고, 피해자가 조선로동당 중앙위원회 위원인 이을설이며 카메라가 비치자 선전선동 영상을 찍기 위한 목적으로 세계의 여론을 유리하게 이끌기 위해 미리 준비된 거짓 연기를 하였다는 취지의 허위의 글과 사진을 적시

5	2015. 11. 16. 14:33경	시스템클럽(http://systemclub.co.kr) 인터넷 홈페이지에 『공군사령관, 인민군 총정치국 국장 조명록(1928년생), 조명록(제151광수)로 명명합니다』라는 제목을 게재	5·18 민주화운동 당시 전남도청 안에 안치된 사망자 박기현의 관 앞에서 울고 있는 **피해자(망 박동연)** 사진을 제151광수라 칭하면서 피해자가 북한 공군사령관 조명록이라는 취지의 허위의 글과 사진을 적시
6	2016. 1. 31. 12:50경	시스템클럽(http://systemclub.co.kr) 인터넷 홈페이지에 『제309광수.제310광수 대남도발 잠수함침투 실무총책』이라는 제목을 게재	5·18 민주화운동 당시 전남도청 수위실 앞에 서있는 **피해자(양흥범)** 사진을 제310광수라 칭하며 화살표로 표시한 후, 피해자가 북한 인민군 정찰국장, 인민군 상장 김대식과 동일 인물이라는 취지의 허위 사실을 적시
7	2016. 2. 10. 15:21경	시스템클럽(http://systemclub.co.kr) 인터넷 홈페이지에 『"제323광수.국방위원 12명 전원 5.18참전 [검찰수사 증거]』라는 제목을 게재	5·18 민주화운동 당시 광주 동구 전일빌딩 앞 시민군이 확보한 군용 지프차를 타고 있던 **피해자(김공휴)**를 '제323광수'로 표시한 후 피해자가 북한 인민군상장 및 기계공업부장 주규창과 동일 인물이라는 취지의 허위 글과 사진을 적시

183

등본입니다.

2022. 2. 18.

서울중앙지방법원

법원주사보 김 새 롬

※ 각 법원 민원실에 설치된 사건검색 컴퓨터의 발급번호조회 메뉴를 이용하거나, 담당 재판부에 대한 문의를 통하여 이 문서 하단에 표시된 발급번호를 조회하시면, 문서의 위변조 여부를 확인하실 수 있습니다.